应用技能型院校“十三五”规划教材

课赛融合·校企合作·立体化教材

ERP 沙盘模拟企业经营实训教程

李伟军　金臻　屠旻 / 主编

夏宇航　陆方明　张雪红 / 副主编

立信会计出版社
LIXIN ACCOUNTING PUBLISHING HOUSE

图书在版编目(CIP)数据

ERP沙盘模拟企业经营实训教程 / 李伟军，金臻，屠旻主编. —上海：立信会计出版社，2020.1
ISBN 978-7-5429-6343-7

Ⅰ.①E… Ⅱ.①李… ②金… ③屠… Ⅲ.①企业管理—计算机管理系统—教材 Ⅳ.①F272.7

中国版本图书馆CIP数据核字(2019)第277882号

策划编辑　王斯龙
责任编辑　王斯龙
封面设计　南房间

ERP沙盘模拟企业经营实训教程

出版发行	立信会计出版社		
地　　址	上海市中山西路2230号	邮政编码	200235
电　　话	(021)64411389	传　　真	(021)64411325
网　　址	www.lixinaph.com	电子邮箱	lixinaph2019@126.com
网上书店	http://lixin.jd.com		http://lxkjcbs.tmall.com
经　　销	各地新华书店		
印　　刷	上海天地海设计印刷有限公司		
开　　本	787毫米×1092毫米	1/16	
印　　张	14.75		
字　　数	376千字		
版　　次	2020年1月第1版		
印　　次	2020年1月第1次		
印　　数	1—3100		
书　　号	ISBN 978-7-5429-6343-7/F		
定　　价	35.00元		

如有印订差错，请与本社联系调换

编写委员会

顾　问　陶经辉

主　编　李伟军　金　臻　屠　旻

副主编　夏宇航　陆方明　张雪红

编委会成员（按拼音排序）

陈贤才　戴荣俊　高子柏　葛燕秋　何　斌
何继峰　姜黎黎　刘振华　茹　虹　石婷婷
宋良钰　孙　馨　王丹凤　魏　炜　徐　军
杨　玲　张澄华　张　玥　周　卉　周颖芳

preamble 序言

2019年1月,国务院发布了《国家职业教育改革实施方案》,把职业教育摆在了教育改革创新和经济社会发展中更加突出的位置,并提出了进一步办好新时代职业教育的二十项具体措施,简称"职教20条"。"职教20条"要求职业院校必须做好六项改革:教学设计不仅要以职业岗位需求为起点,还要以培养学生具备一定的技术应用能力和创新能力为起点;重构和更新实践教学体系,不仅要强化技能训练,还要强化技术训练;实务教育和创新教育并举,以培养学生技术革新和产品开发的素质和能力;实践教学基地不仅要打造成技能训练基地,还要打造成技术研发基地;重构学生大赛的架构,让技能大赛和创新创意大赛同时举办,重点考察学生的创新创意能力;重新确定高职院校的定位。

《ERP沙盘模拟企业经营实训教程》正是为了适应这种新形势和要求而编写的,其目的是为职业院校财经专业的教师和学生提供适应新形势要求的教材,并有助于指导学生的创新和创业活动。本教材突出职业教育特色,以职业技能提升为导向,结合了编者多年的技能训练经验,融入企业运营实际任务,引入丰富的案例并提供大量练习题目和技能实训演练,使学生可以在"做中学、学中做",实现"工学结合"。

本教材是立足于近年来财经专业和企业经营活动最新改革、最新发展和最新成果,结合编者多年的教育教学改革实践经验和对ERP沙盘模拟企业经营技能大赛的深入研究而编写成的。概括起来,本教材主要突出以下特点:

(1) 本教材以全面素质教育为着眼点,同时注重创新能力、实践能力的综合素养提高,重要知识点均以企业实例说明,并辅以一系列团队任务,为学生在知识、能力以及综合素质的协调发展方面创造条件。

(2) 本教材基于"职教20条"的精神,响应"1+X证书"制度,重构和更新实践教学体系，强化技能训练，使学生能够以教材为指导，积极主动、自主地学习，在丰富的实践、培训后获得相应的技能证书，为毕业、就业、创业提供着力点。

(3) 本教材注重案例教学、情境教学、启发式教学等多种教学方法设计。在编写过程中，编者尽量做到从问题出发、从实际出发，采用提出问题、分析问题、解决问题、实践检验的思路，在引出必要的概念和方法的同时，培养学生主动思考、解决问题的能力。

(4) 本教材注重实用性、应用性和通用性。本教材重视培养学生的创新精神和实践能力。本教材采用了一种体验式的互动学习方式，各章节通过为学生营造一系列经营决策演练环节，培养学生的决策能力、组织能力和团队合作精神，真正能使学生将所学的理论和实践应用相结合。财经专业学生均可通过本教材了解企业运营的整体情况。

由于编者水平有限，书中难免存在错误和不足，敬请广大读者和同仁给予批评指正。联系邮箱：467089513@qq. com。

陶经辉

2020年1月

Contents 目录

第一章

认知沙盘模拟企业经营

学习目标

◎ 了解沙盘模拟企业经营的起源
◎ 了解模拟企业经营实训课程的发展
◎ 了解模拟企业经营实训课程的内容要求

第一节　沙盘的起源和演变

一、沙盘在军事中的运用

沙盘最早是古代将帅指挥战争的用具。它是根据地形图或实地地形，按一定的比例尺，用泥沙、兵棋等各种材料堆制而成的模型。将帅常利用沙盘研究地形、敌情、作战方案、组织进攻和实施训练。

沙盘模型在我国有悠久的历史。据《后汉书·马援列传》记载，公元 32 年汉光武帝在西征隗嚣时，召名将马援商讨对策。马援对当地地理情况很熟悉，就用米堆成一个与实际地形相似的模型，以此来分析进攻路线。光武帝看后，振奋地说："虏在吾目中矣。"由此可见，沙盘在实战运用中的重要作用。

国外沙盘的运用开始于 1811 年。当时，普鲁士军事顾问冯·莱斯维茨用胶泥在波茨坦皇宫里制作了一个仿真战场模型用来进行军事游戏。在这个模型中，道路、河流、村庄和树林用不同颜色进行区分，军队和武器用小瓷块来表示，仿佛就是一个真实的战场。后来，莱斯维茨的儿子对该模型进行了升级完善。他利用沙盘、地图表示地形地貌，以兵棋表示军队和武器的配置情况，按照实战方式进行策略谋划。这种战争游戏也是现代沙盘的雏形。

沙盘使作战指挥员不需要亲临现场就能清晰地总揽全局，发现双方战略战术存在的问题，从而运筹帷幄，并做出最优的决策。沙盘也节省了实战演习的巨大经费开支，不受时间与空间的限制，因而在世界各国广泛运用。

二、沙盘在经营管理中的运用

沙盘模拟企业经营实训课程教学始于 1978 年瑞典皇家工学院 Klas Mellan 开发的课程——"企业运营沙盘仿真实验"。课程开发后，沙盘模拟企业经营迅速风靡全球。沙盘模拟企业经营运用独特直观的教具，融入市场变数，结合角色扮演、情景模拟、讲师点评，使受训人员在虚拟的市场竞争环境中，全真体会企业数年的经营管理过程。沙盘模拟企业经营一经面世，就以独特新颖的培训模式、深刻实用的培训效果受到中外企业高级管理人员和培训专家的青睐。目前，哈佛商学院、瑞典皇家工学院、北京大学商学院等知名商学院和一些管理咨询机构都引进了哈佛情景教学模式，运用立体直观的沙盘教具，全真模拟经营过程，对职业经理人、经济管理类学生进行培训，以提高他们在实际经营环境中决策和运作的能力。

目前，沙盘模拟企业经营已风靡全球，成为世界 500 强企业中高层管理人员经营管理能力培训的首选课程。MBA、EMBA、本科院校以及高职院校也都陆续引进了沙盘模拟课程以供管理课程教学所用。

三、沙盘模拟企业经营课程在中国的发展

20 世纪 80 年代初期，沙盘模拟企业经营课程被引入中国。沙盘模拟企业经营课程是一

种理解和领悟企业经营管理过程的方法,因此率先在企业的中高层管理者培训中开始传播、应用并迅速发展。

现在,大家在国内能看到的沙盘模拟企业经营课程大多是从国外引进的,该种课程在国外被统称为 Simulation 课程。由于是模仿真实的商业环境而开发的,Simulation 具有很强的实战性,所以被译作"沙盘模拟""模拟经营""商业模拟"等,其中"沙盘模拟"这一名称认可度最高。

21 世纪初,部分 ERP 软件商相继开发出了 ERP 沙盘模拟演练的教学版,将它推广到高等院校的实验教学过程中。现在,越来越多的高等院校建设了沙盘模拟实验室,为学生开设了 ERP 沙盘模拟课程,并且取得了很好的效果。

Simulation 课程可分为棋盘类沙盘(Board-based Simulation,国内俗称"物理沙盘")和软件模拟沙盘(Software Simulation,国内俗称"电子沙盘")两大类。在我国,从 20 世纪 80 年代初期引入发展到现在,经过了三代的变换。第一代的沙盘采用物理沙盘,即手工操作;第二代的沙盘采用物理沙盘加 Excel 表操作模式,也有采用参数设置纯电子沙盘;第三代的沙盘为模拟企业经营管理沙盘系统,是物理沙盘和电子沙盘的结合。

第二节 ERP 沙盘模拟企业经营实训课程

一、ERP 沙盘和 ERP 沙盘模拟企业经营实训课程

ERP 沙盘是企业资源规划(Enterprise Resource Planning)沙盘的简称,也就是利用实物沙盘直观地、形象地展示企业的内部资源和外部资源。ERP 沙盘可以展示企业的主要资源,包括厂房、设备、仓库、库存物料、资金、人力资源、订单、合同等各种内部资源;还可以展示包括企业上下游的供应商、客户和其他合作组织,以及为企业提供服务的政府管理部门和社会服务部门等外部资源。一般来说,ERP 沙盘展示的重点是企业的内部资源。

ERP 沙盘模拟企业经营实训是针对最先进的现代企业经营管理技术——ERP(企业资源规划),而设计的提供角色体验的实验实训。

ERP 沙盘模拟企业经营实训课程的教具主要包括若干张沙盘盘面和若干个相互竞争的模拟企业。沙盘模拟按照制造企业的职能部门划分了四大职能中心:营销与规划中心、生产中心、物流中心和财务中心。各职能中心涵盖了企业运营的所有关键环节,包括战略规划、资金筹集、市场营销、产品研发、生产组织、物资采购、设备投资与改造、财务核算与管理等几个部分。

以上述关键环节为设计主线,ERP 沙盘模拟企业经营实训课程将企业运营所处的内外环境抽象为一系列的规则,由受训者组成若干个相互竞争的模拟企业,在规则内模拟 4～6 年的企业经营过程,通过学习→沙盘载体→模拟经营→对抗演练→讲师评析→课后感悟等一系列的实验环节,融理论与实践于一体、集角色扮演与岗位体验于一身的设计思想,使受训者在分析市场、制定战略、营销策划、组织生产、财务管理等一系列活动中,参悟科学管理

的规律，树立团队精神，全面提升管理能力，同时也对企业资源的管理过程有相对真实的实际体验。

二、ERP 沙盘模拟企业经营实训课程的内容

1. 深刻体会 ERP 核心理念

本课程的核心理念：使参与者感受在管理信息对称情况下企业的运作；使参与者体验统一信息平台下企业的运作管理；培养参与者依据客观数据进行评测决策的意识与技能；使参与者感悟准确、及时、集成的信息对科学决策的重要作用；培养参与者的团队管理能力和创业意识；训练参与者信息化时代的基本管理技能。

2. 全面阐述一个制造型企业的经营概貌

本课程所涵盖的核心内容：制造型企业经营所涉及的因素；企业物流运作的规则；企业财务管理、资金流控制运作的规则；企业生产、采购、销售和库存管理的运作规则；企业面临的市场、竞争对手、未来发展趋势分析；企业的组织结构和岗位职责。

3. 理解企业经营的本质

本课程的主要目的：使参与者能够分析财务报表——资本、资产、损益的流程，企业资产与负债和所有者权益的结构；使参与者能够理解企业经营的本质——利润和成本的关系、增加企业利润的关键因素；使参与者能够明晰影响企业利润的因素——成本与费用的控制；了解如何增加企业的利润。

4. 企业战略规划和产品选择

本课程要求参与者分析以下内容：产品需求量、销售毛利；市场后期产品需求量与毛利对企业经营的影响；市场广告投入的效益；盈亏平衡；如何占有市场份额。

5. 生产管理与成本控制

本课程要求参与者了解以下内容：采购订单的控制——以销定产、以产定购的管理思想；库存控制——零库存思想；JIT——准时生产的管理思想；生产成本控制——生产线的合理安排；生产订单的排产——根据销售订单的数量和交货期合理安排，如何做到灵活安排生产和采购计划。

6. 全面计划预算管理

本课程要求参与者掌握以下内容：沙盘模拟企业运营流程；Excel 现金预算表工具的使用；制订销售计划与市场投入；根据市场分析和销售计划制订、安排生产计划和采购计划；进行高效的融资管理。

7. 团队管理

本课程要求参与者能够合理安排各个管理岗位的职能，发挥团队每个成员的优势。

8. 获得学习点评

本课程要求参与者能够对实际训练数据进行深入分析，综合理解局部管理与整体效益的关系，分析优胜企业与失败企业的关键差异。

三、ERP 沙盘模拟企业经营实训课程教具

ERP 沙盘模拟企业经营实训课程教具主要包括物理沙盘和电子沙盘两部分，物理沙盘教具说明如表 1-1 所示。

表 1-1　物理沙盘教具说明

序号	名称	说明
1	盘面	一张盘面表示一家企业，每张盘面包括营销与规划中心、生产中心、物流中心、财务中心
2	生产线模板	表示生产线类型：手工生产线、全自动线、柔性线、租赁线
3	产品标识	表示生产线上的产品类型：P1、P2、P3、P4
4	订单	表示各家企业从市场获得的订单，是安排生产、销售的依据
5	灰币	表示资金，一个币表示 1 W（W 表示万元）
6	彩币	有红、黄、蓝、绿四种颜色，表示生产产品所需的原材料：R1、R2、R3、R4
7	空桶	用于放置灰币或彩币，同时可表示原材料订单、长期贷款、短期贷款

第二章

模拟企业经营规则

学习目标

◎ 了解企业经营的本质
◎ 熟悉和掌握 ERP 沙盘模拟企业经营的各项规则
◎ 学习和应用相关的基础理论知识
◎ 熟练应用手工 ERP 沙盘模拟企业经营过程
（注:本教材所用规则仅为案例,非唯一规则。）

第一节　企业经营的本质

企业是从事商品生产、流通和服务等活动，为满足社会需要和自身盈利，进行自主经营，自负盈亏，具有法人资格的经济组织。经营是指企业以市场为对象，以商品生产和商品交换为手段，为实现企业的目标，使企业的投资、生产、销售等经济活动与企业的外部环境保持动态均衡的一系列有组织的活动。

企业是一个以盈利为目的的组织。企业管理的目标可概括为生存、发展、盈利。

一、首要目标——企业生存

企业在市场上生存下来的基本条件：一是以收抵支，二是到期还债。这从另一个角度告诉我们，如果企业出现以下两种情况，就将宣告破产，也即离开市场。

1. 资不抵债，权益为负

如果企业所取得的收入不足以弥补其支出，将导致其所有者权益为负，使企业破产。

2. 现金断流

如果企业的负债到期，无力偿还，那么债权人会上门催债，导致企业破产清算。

二、奋斗目标——发展、盈利

企业经营的本质是股东权益最大化，即盈利。企业发展壮大与否，其中一个重要指标就是看企业经营年内是否盈利。从利润表的利润构成中不难看出盈利的主要途径：一是扩大销售（开源），二是控制成本（节流）。

1. 扩大销售

利润主要来自销售收入，而销售收入由销售数量和产品单价两个因素决定。提高产品单价受内外很多因素制约，但企业可以选择单价较高的产品进行生产。提高销售数量则主要通过以下几种方式来实现：扩张现有市场，开拓新市场；研发新产品；扩建或改造生产设施，提高产能；合理加大广告投放力度，进行品牌宣传。

2. 控制成本

产品成本分为直接成本和间接成本。

第一，降低直接成本。直接成本主要包括构成产品的原材料费和人工费。在本课程中，原材料费由产品的 BOM 结构①决定，在不考虑替代材料的情况下，没有降低价格的空间；用不同生产线生产同一产品的加工费也是相同的。因此，在本课程中，产品的直接成本是固定的。

第二，降低间接成本。从节约成本的角度，我们不妨把间接成本区分为投资性支出和费用性支出两类。投资性支出包括购买厂房、投资新的生产线等，这些投资是为了扩大企业的生产能力而必须发生的。费用性支出包括营销广告费、贷款利息等，通过有效筹划是可以节约一部分的。

---

① BOM(Bill of Material)物料清单。

第二节　营销规则

企业的生存和发展离不开市场这个大环境。谁赢得了市场，谁就赢得了竞争。市场的本质是客户的需求，客户需求就是企业生产经营的依据。因此，合理分析并进行市场预测，是取得竞争胜利的第一步。

在 ERP 沙盘虚拟世界中，有权威机构提供市场调研报告与市场预测数据，各个企业需要运用这些数据，通过对市场需求情况和竞争对手的分析，合理地制订广告方案，派优秀的营销人员参加销售会议，获取一定数量的高质量的订单，依照订单合理安排企业的生产活动，最终通过销售获得利润。

每年初，各企业的销售总监与客户见面并召开销售会议，根据市场需求、产品广告投入、市场广告投入和市场地位，并按照规则的顺序选择订单。一般地，营销规则主要包括以下几部分。

一、市场需求

市场需求，即客户对某种产品的需求，反映在 ERP 沙盘中，就是客户订单的数量以及对产品的需求总量。在每个市场上，每种产品的市场需求都是有限的，客户不会无限制地需要某种产品，所以市场上的产品订单数量和需求总量是有限的。

二、广告投放

企业在每年初投放广告时，需要填制广告投标单，如表 2-1 所示。

表 2-1　广告投标单示例

第一年本地市场				第二年本地市场				第三年本地市场				第四年本地市场				第五年本地市场				第六年本地市场			
产品	广告	9K	14K	产品	广告	9K	14K	产品	广告	9K	14K	产品	广告	9K	14K	产品	广告	9K	14K	产品	广告	9K	14K
P1				P1				P1				P1				P1				P1			
P2				P2				P2				P2				P2				P2			
P3				P3				P3				P3				P3				P3			
P4				P4				P4				P4				P4				P4			

广告是分市场、分产品投放的，即要在某个市场取得某产品的订单，必须在该市场为该产品投放广告。例如，某企业想要在某区域市场取得 P3 的订单，则必须在该区域市场为 P3 产品单独投放广告，在其他区域市场投放的 P3 产品广告对此市场没有效果。

广告投放的金额由企业自由决定，但需要综合考虑企业的现金状况和可能的盈利能力（广告费算在综合管理费中，影响企业利润），一旦企业上交广告投标单，就需要从现金中扣除相应的广告费用。

投入 1 W 广告费就可以获得一次在特定市场选取指定产品订单的机会，但如果市场需求较小，也有拿不到订单的可能。企业可以通过提高广告费的投入来赢得优先选单的权利。例如，在某市场某产品中投入 4 W 广告费的企业可以比投入 3 W 广告费的企业先选单。

企业每多投放 2 W 广告费就可以增加一次选单机会，如投入 3 W 广告费，则理论上可以在某个市场选取两张同产品订单，但是是否能拿到两张订单则取决于市场订单数量和实际的选单排序。

三、市场地位

市场地位是针对每个独立的市场而言的，每个市场都会有一个独立的“市场老大”。企业市场地位按照上一年度销售额进行排序，销售额最高的企业称为该市场的“市场老大”。只要在本年度的该市场中投入了广告费(最小额为 1 W)，就可以在该市场上优先选单。如果上年“市场老大”没有按期交货，市场地位下降，则本年该市场没有“老大”。当然，也可以规定无“市场老大”。

四、选单顺序

企业在参加订货会时的选单顺序按照如下规则排列：

(1) 优先比较市场地位，“市场老大”优先选单；

(2) 剩余的企业比较单一市场单产品的广告额，广告额高的先选；

(3) 如果某产品广告额相同，则比较该市场的广告额总和；

(4) 如果市场广告额总和仍相同，则比较上年度的市场销售额总和。

五、客户订单

客户订单由产品数量、订单金额、交货期、应收账款、ISO 等方面的要求构成，如图 2-1 所示。

第六年	亚洲市场
产品数量：3P2	
订单金额：24 W	
交货期：3Q	
应收账款：4Q	
ISO9000	ISO14000

图 2-1　客户订单

产品数量：订单交货需要按照订单上要求的数量一次将产品全部交付。

订单金额：交付后得到相应账期的应收款，放入盘面财务中心的对应位置。

交货期：交货期是订单规定的最晚交货时间。例如，图 2-1 中交货期为 3Q，代表该订单需要在第三季度之前完成交货。企业按订单交货只能在交货期之前，不能延后，如果由于产能不够或者其他原因导致不能按期交货，则按照订单违约处理，将订单收回并且需要扣除订单金额 20%的违约金。

应收账款：企业按照订单交货后不一定能够马上拿到订单金额，一般会有一个回款周期，这些回款就是企业财务报表上的应收账款。例如，账期为 2Q 的应收账款，代表这笔应收账款会在 2 个季度后被公司收回。若为 0 账期的应收账款，则企业能直接收到现金。

ISO：如果订单上标注了“ISO9000”或者“ISO14000”，那么生产单位必须已经取得了相应的资格认证，才能得到这张订单。

练一练

1. 企业第二年第二季度交了 1 张 2 个季度账期、价值 30 W 的订单，第三季度贴现了 20 W后，第二年末还有多少应收账款未收到？

A. 0 W　　B. 30 W　　C. 10 W

2. 企业在本地市场 P2 产品上投放了 6 W 的广告费，理论上能获得几次选单机会？

A. 1 次　　B. 2 次　　C. 3 次

3. 企业第二年第一季度交了 1 张 3 个季度账期、价值 21 W 的订单，第二季度交了 1 张 4 个季度账期、价值 15 W 的订单，第三季度交了 1 张 1 个季度账期、价值 22 W 的订单，第四季度交了 1 张 2 个季度账期、价值 18 W 的订单。请问企业第二年一共能收到多少现金？

A. 43 W　　B. 21 W　　C. 64 W

4. 企业有 1 张 5 个 P4 总价 50 W 的订单，交了这张订单，毛利为多少？

A. 45 W　　B. 25 W　　C. 15 W

5. 企业有 1 张 5 个 P4 总价 50 W 的订单，现有 3 个 P4，紧急采购 2 个 P4 交了这张订单，毛利为多少？

A. 5 W　　B. 15 W　　C. 25 W

第三节　研发规则

微课:产品规则

一、产品研发

ERP 沙盘拟定 P 行业共有 4 种技术含量依次递增的产品：P1、P2、P3、P4。不同技术含量的产品，需要投入的研发时间和研发费用是不同的，如表 2-2 所示。

表 2-2　产品研发规则参数

名称	开发费	开发时间	加工费	直接成本	产品组成
P1	1 W/季	2 季	1 W	2 W	R1×1
P2	1 W/季	3 季	1 W	3 W	R2×1;R3×1
P3	1 W/季	4 季	1 W	4 W	R1×1;R3×1;R4×1
P4	1 W/季	5 季	1 W	5 W	R2×2;R3×1;R4×1

产品研发具有以下特点：

(1) 多种产品可以同时研发；

(2) 研发费用按季度平均支付；

(3) 产品研发可以中断或者延期；

(4) 产品不需要按照 P1、P2、P3、P4 的顺序来进行研发；

(5) 研发投资计入综合费用。

实训操作——产品研发(以研发 P3 为例)

步骤一：企业经内部讨论后，从当季开始研发 P3。由 CEO 向指导教师申请研发资格证书背扣在盘面上 P3 生产资格位置，营销总监取一个空桶放置在资格证书上。

步骤二：财务助理往空桶里投放 1 个灰币，表示支付 1 W 研发费。

步骤三：从第二个季度开始，每个季度投入 1 W，直到投满 4 个季度。

步骤四：到第五个季度，将资格证书亮出来，并可以进行 P3 产品的生产。

二、市场开拓

微课：市场规则

与现实社会对应的是 P 系列产品能够在 5 个不同的市场上销售，分别是：本地市场、区域市场、国内市场、亚洲市场和国际市场，开拓每个市场都需要支付相应费用，但每个市场所需要的开拓费用和开发周期不一定相同，如表 2-3 所示。

表 2-3　市场开拓规则参数

市场	开拓费用	开发周期
本地	1 W/年	1 年
区域	1 W/年	1 年
国内	1 W/年	2 年
亚洲	1 W/年	3 年
国际	1 W/年	4 年

本规则允许进行市场开拓的时间是每年的年末阶段，市场开拓投资按年度支付。本规则允许同时开拓多个市场，但每个市场每年最多投资为 1 W，不允许加速投资，当资金不足时允许中断。市场开拓完成后，领取市场准入证，之后才允许进入该市场选单。

当某个市场开拓完成后，该企业就取得了在该市场经营的资格，此后就可以在该市场上进行广告宣传，争取客户订单了。

三、ISO 认证

随着国际商务的发展，客户对贸易标准的要求越来越高，其质量意识及环境意识越来越清晰，经过一定时间的市场孕育，最终会反映在客户订单中。企业要通过相应的 ISO 认证，需要一个认证周期并支付一定费用。在订货会上，企业若想获得有 ISO 认证要求的订单，必须先获得相应的资质。如果没有 ISO 认证资质，则无法获取该订单。具体开发费用和开发时间参数如表 2-4 所示。

表 2-4　ISO 认证规则参数

名称	开发费用	开发时间
ISO9000	1 W/年	2 年
ISO14000	2 W/年	2 年

本规则允许进行 ISO 认证的时间是每年的年末阶段，ISO 认证投资按年度支付。本规

则允许同时进行两项 ISO 认证；资金短缺时，认证投资可以中断。ISO 认证完成后，企业的市场总监持认证费用到指导教师处领取 ISO 认证资格证，代表 ISO 认证完成。之后，企业可以在市场上选取有相应 ISO 认证要求的订单。

练一练

1. 企业第一年第四季度开始研发 P1，什么时候可以开始上线生产 P1？

A. 第二年第一季度　　B. 第二年第二季度　　C. 第二年第三季度

2. 企业研发 P3 一共需要多少研发费用？

A. 4 W　　B. 6 W　　C. 8 W

3. 企业第二年第三季度要上线生产 P2，最迟什么时候开始研发 P2 可以满足需求？

A. 第一年第四季度　　B. 第二年第一季度　　C. 第一年第三季度

4. 企业第一年开始开拓国内市场，什么时候可以在国内市场选取订单？

A. 第二年初　　B. 第三年初　　C. 第四年初

5. 企业第一年开始开拓国际市场，第三年停止开拓投入，第四年是否可以继续投入开拓国际市场？

A. 可以　　B. 不可以　　C. 不一定

第四节　生产运营规则

微课：厂房处理

一、厂房购买、出售与租赁

厂房是一个制造型企业最为重要的固定资产之一。它不同于企业的其他资产，不仅是一个生产工作的场所，具有实用性，还是一个企业的门面，体现一家企业的精神面貌和管理水平。

企业可以根据实际经营需要选择购买或者租用厂房。目前，ERP 沙盘中的每个企业都有一间自有产权的大厂房，价值 40 W，还有三块空地可根据资金和实际需要选择使用。企业可以自由地选择在空地上使用大厂房还是小厂房。厂房可随时按规则中的购买价格进行出售，并得到 4 个账期的应收账款。如果被卖掉的厂房内仍有生产线存在，且企业仍然需要使用该厂房，则企业必须支付一笔厂房租金。因此，企业缺钱的时候卖厂房不是正确的选择，因为只能拿到 4 个账期的应收款，同时要从现金中直接扣除一笔租金费用。在每年开始经营时，企业每个季度都可以根据需求选择是否购买厂房，如果购买，则将支付的灰币放在厂房价值处，作为固定资产的标识，财务报表上，厂房不提折旧。

有关各厂房购买、租赁、出售的相关信息如表 2-5 所示。

表 2-5　厂房规则参数

名称	购买价格	租金	出售价格	容量
大厂房	40 W	6 W	40 W	6 条生产线
小厂房	20 W	3 W	20 W	4 条生产线

二、生产线购买、转产、维修与折旧

生产 P 系列产品的生产线共有四种，分别是手工线、全自动线、柔性线和租赁线。各生产线具体参数如表 2-6 所示，Q 代表季度，如图 2-2 所示。

微课：生产线规则

表 2-6　生产线规则参数

名称	投资总额	每季投资额	安装周期	生产周期	总转产费用	转产周期	维修费	残值	折旧费	折旧时间
手工线	5 W	5 W	0 季	2 季	0 W	0 季	1 W/年	1 W	1 W	5 年
全自动线	15 W	5 W	3 季	1 季	2 W	1 季	2 W/年	2 W	3 W	5 年
柔性线	20 W	5 W	4 季	1 季	0 W	0 季	2 W/年	2 W	4 W	5 年
租赁线	0 W	0 W	0 季	1 季	2 W	1 季	6 W/年	−6 W	0 W	0 年

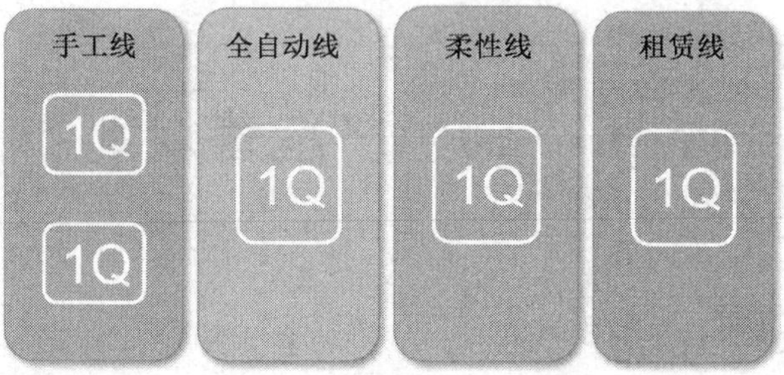

图 2-2　生产线生产周期

四种生产线的主要区别在于生产周期和灵活性不同。生产周期是指生产产品需要花费的时间，如全自动线生产周期为 1Q，说明一条全自动线生产一种产品需要 1 个季度的时间。灵活性是指转产新产品时生产线设备调整的难易程度。全自动线因为生产周期较短，价值 15 W，而柔性线价值达到 20 W。虽然柔性线的生产效率与全自动线一样，但它的灵活性很好，可以随时转产而不必花费额外的资金和时间，所以价格比全自动线高一些。

1. 生产线购买

四种生产线除手工线可以即买即用外，投资其他新生产线时都要有一定的安装周期。企业按安装周期平均支付投资，全部投资到位后的下一季度可以领取产品标识，开始进入生产。

例如，企业第二年第一季度开始投建一条全自动线，需要每个季度投入 5 W 的资金，连续投入 3 个季度，资金达到 15 W，等到第二年第四季度时全自动线建设完成，可以投入生产**（注意：第三季度投完 5 W 的建设费用后，总投资达到 15 W 时并不代表生产线建成）**。企业资金短缺时，可以中断投资，之后如果仍想继续建设这条生产线，随时可以继续投建，满足投建时间和资金的要求后同样可以进行生产。

2. 生产线转产

生产线转产是指生产线由生产一种产品转而生产其他产品。在 ERP 沙盘中，生产线可以生产的产品类型是固定的，如果要改生产别的产品，需要对生产线进行改装，即生产线转产。现有生产线转产，生产新产品时需要先等待转产周期，并按规则支付转产费用，最后一笔费用支付完后还需再等 1 个季度后方可更换产品标识。例如，全自动线原来生产 P1 产品，如果转产 P2 产品，需要改装生产线，因此需要停工 1 个季度，并支付 2 W 转产费用。

3. 生产线维护

所有建成的生产线，无论是否投入生产，每年末必须按照对应的价格支付设备维护费用。年末还处于在建阶段的生产线和当年卖出的生产线不需要支付维修费用。

4. 生产线折旧

生产线属于机器设备，会由于经常性的使用和时间的推移发生损耗，所以其价值会不断地下降，这种损耗我们称为折旧。在企业的经营过程中，设定生产线完工投产的当年不用计提折旧，以后的 4 年按照平均折旧法，进行生产线折旧。每年的折旧值如表 2-7 所示。

表 2-7　生产线折旧表

名称	第一年	第二年	第三年	第四年
手工线	1 W	1 W	1 W	1 W
全自动线	3 W	3 W	3 W	3 W
柔性线	4 W	4 W	4 W	4 W
租赁线	0 W	0 W	0 W	0 W

因为有了折旧，所以每一年生产线的净值(当前价值)是有差异的。

5. 生产线出售

企业出售生产线后，可按残值获得现金，财务上计入额外收入。如果该生产线的净值大于残值，那么财务总监可以在沙盘上从代表生产线净值的桶中取出等于残值的部分置入现金库，将差额部分作为损失处理。**(注意：运营中短缺资金时，如果企业选择出售生产线，其实只能获得很少的现金，还会产生一定的损失，让企业处于因资不抵债而导致破产的风险中。)**

实训操作——生产线购买、安装、完工(以全自动线为例)

步骤一：当企业决定购买全自动线时，由生产总监领取需要的生产线牌，背扣后放到厂房的某个位置上。

步骤二：在生产线上放置空桶，并在当季(领牌季度)投入资金 5 W。

步骤三：第二个季度、第三个季度分别再投入资金 5 W。

步骤四：第四个季度可以把全自动线牌翻开，连桶带资金(15 W)放置到生产线净值的标识处，说明该条生产线投建完毕，可以使用了，如图 2-3 所示。

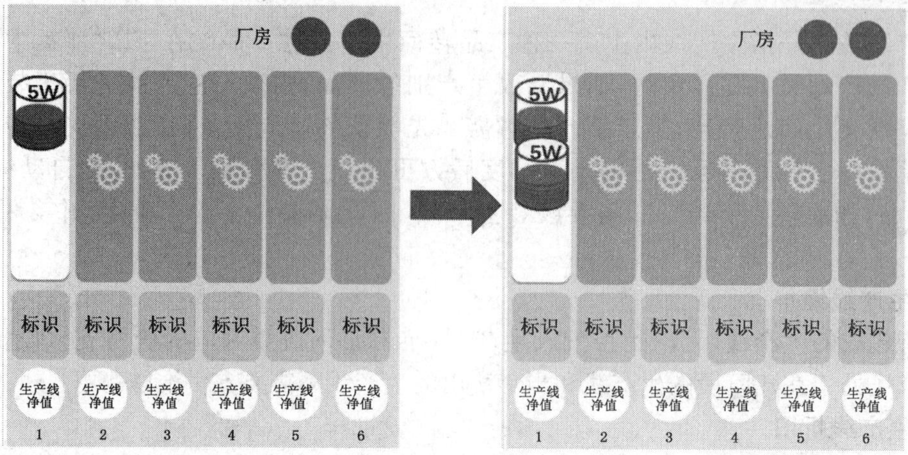

第一个季度　　　　第二个季度

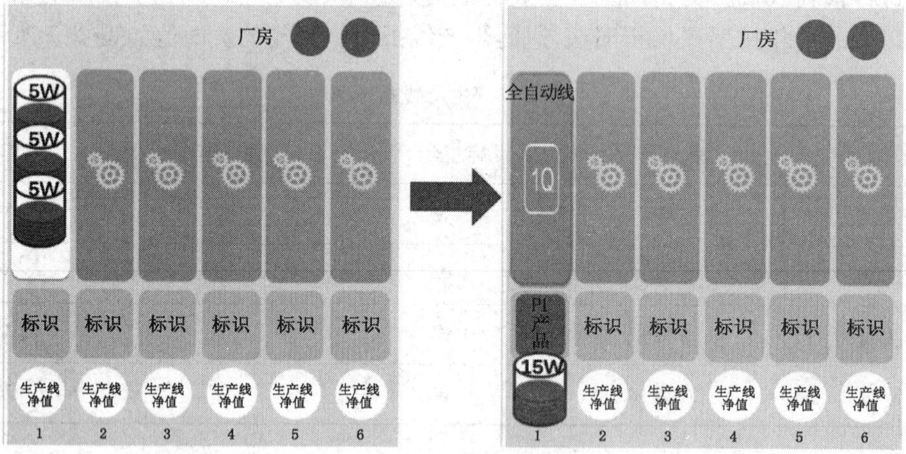

第三个季度　　　　第四个季度

图 2-3　生产线购买

三、产品组成与生产

产品研发完成后，可以按照营销总监拿到的订单进行生产。生产不同产品所需要的原材料是不同的，各种产品所用到的原材料及数量如图 2-4 所示。

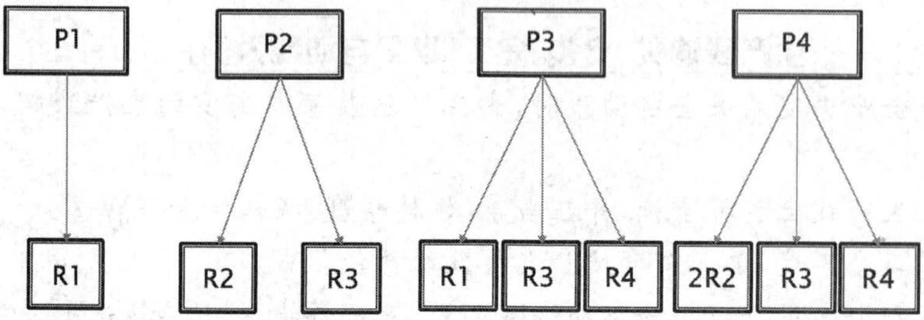

注：2R2 即为 2 个 R2 的简称。

图 2-4　P 系列产品 BOM 结构图

所有生产线均可以生产对应生产标识的产品。但每条生产线一次只能生产一种产品，当生产线上的产品完工入库后，才能上线生产下一种产品。生产总监在开始生产时，按照产品结构要求将相应的原材料放在生产线上并支付加工费用。4 种产品需要支付的加工费用相同，均为 1 W。

实训操作——上线生产(以全自动线生产 P1 为例)

步骤一：由生产总监取 1 个空桶放在生产线的格子内。

步骤二：由物流总监从 R1 原材料库中取 1 个 R1 放到空桶内。

步骤三：由财务总监从现金中拿出 1 个灰币投入空桶内，代表支付加工费用，便可开始生产，如图 2-5 所示。

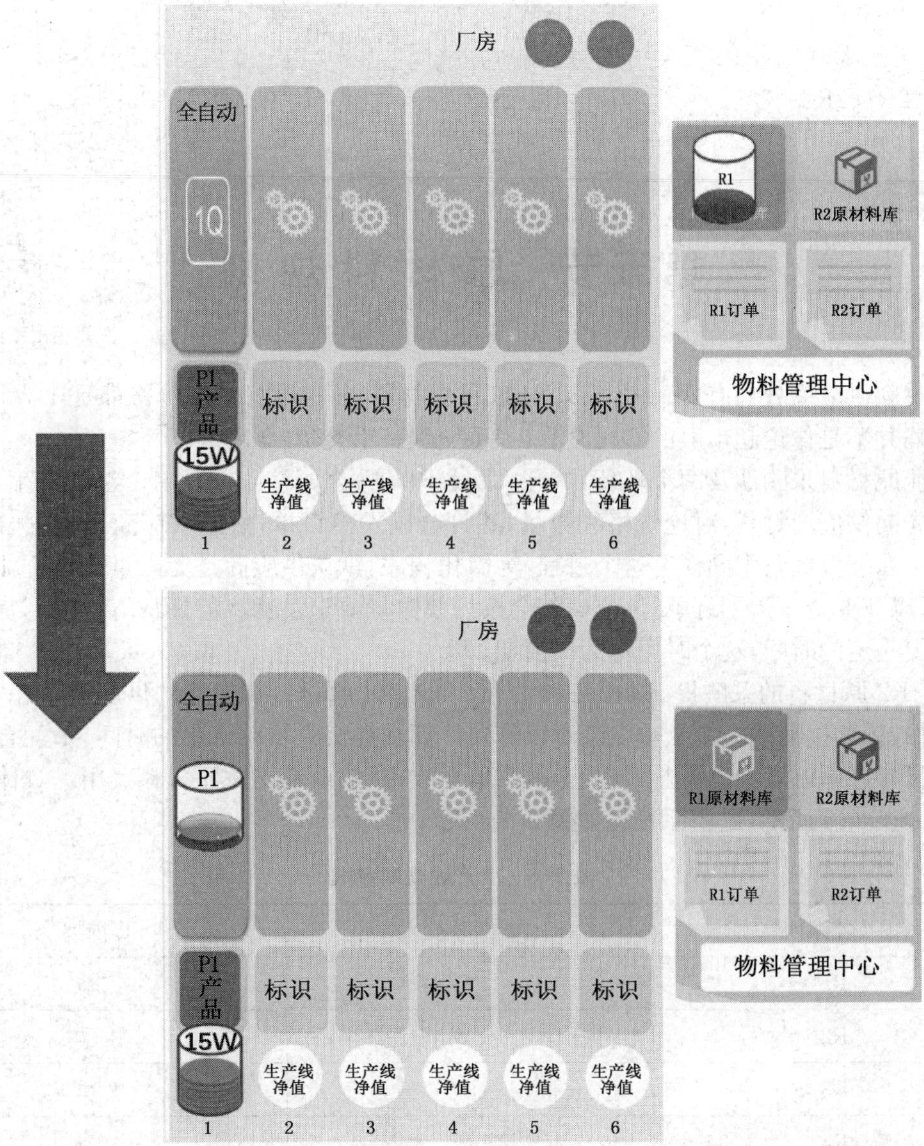

图 2-5 开始生产

练一练

1. 企业第一年第一季度购买的大厂房，最早什么时候可以开始建设生产线？

A. 第一年第一季度　　B. 第一年第二季度　　C. 第一年第三季度

2. 企业第二年第一季度出售的大厂房，不贴现什么时候能拿到现金？

A. 第二年第一季度　　B. 第三年第一季度　　C. 第二年第三季度

3. 企业第三年第三季度安装的手工线什么时候可以上线开始生产？

A. 三年第三季度　　B. 第四年第一季度　　C. 第三年第四季度

4. 企业第一年第二季度开始安装的全自动线什么时候开始计提折旧？

A. 第一年末　　B. 第二年末　　C. 第三年末

5. 企业出售净值为 12 W，残值为 2 W 的全自动线能够拿到多少现金？

A. 12 W　　B. 10 W　　C. 2 W

6. 企业生产 2 个 P2 需要什么原材料？

A. 2R1、2R2　　B. 2R2、2R3　　C. 4R2、4R3

第五节　原材料规则

微课：原料采购

原材料供应商处共有 R1、R2、R3、R4 四种原材料，每种原材料的价格都是 1 W1 个。原材料采购并不是像逛超市般的即时交易，一手交钱一手交货。

企业原材料采购涉及两个环节：签订采购合同和按合同接收原材料。在现实生活中，企业总是先向供应商订货，讨论价格和数量，签订合同发出订单，然后供应商再根据合同发货给企业。在模拟经营中同样有这个过程，为简化程序，默认供应商是无限量支持企业的采购行为，所以只要企业下了订单，供应商就会按订单数量要求发货。但是从下订单到货物到达仓库需要一定的时间，这个时间称为提前期。

R1、R2 原材料的采购提前期为 1 个季度。R3、R4 原材料在较远的供应商仓库，要经过长途运输，采购提前期为 2 个季度。所以需要计算好提交原材料订单的时间，来配合生产活动。原材料订单一旦到达企业，企业必须照单全收，并按规定支付原材料费用。具体的原材料规则如表 2-8 所示，更新原材料如图 2-6 所示。

表 2-8　生产线规则参数

名称	购买单价	提前期
R1	1 W	1 季
R2	1 W	1 季
R3	1 W	2 季
R4	1 W	2 季

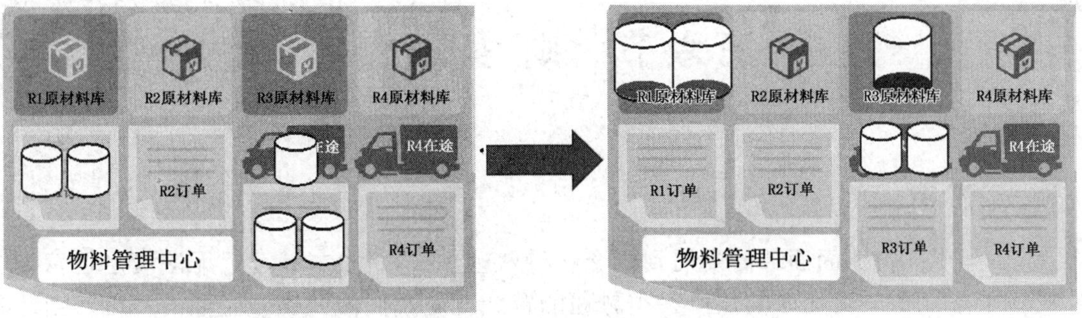

图 2-6　更新原材料

企业下达原材料订单时不需要支付费用，待到办理原材料入库时才需要支付原材料费用。

实训操作——原材料采购(以 R1 为例)

步骤一：由物流总监拿 1 个空桶放置在物料管理中心原材料库中的 R1 订单处，即下达 1 个 R1 的原材料订单。

步骤二：第二个季度来临，将空桶往前推到 R1 原材料库，从供应商料架上取 1 个 R1 红币放入空桶。同时，财务总监支付 1 W，从现金桶中拿出 1 个灰币放到料架上，完成采购。

练一练

1. 如何订购原材料才能满足第二年第二季度同时到达 7 个 R1、2 个 R2?
A. 第二年第一季度订购 7 个 R1、2 个 R2
B. 第二年第二季度订购 7 个 R1、2 个 R2
C. 第一年第四季度订购 7 个 R1、2 个 R2

2. 第三年第三季度下的 R2 原材料订单在什么时候付钱?
A. 第三年第三季度　　B. 第三年第四季度　　C. 第四年第一季度

3. 第二年第三季度下的 R1 原材料订单在什么时候可以拿到原材料?
A. 第二年第三季度　　B. 第二年第四季度　　C. 第三年第一季度

4. 如何订购原材料才能满足在第三年第三季度生产 4 个 P4、4 个 P1 的需求?
A. 第三年第一季度订购 4R3、4R4，第三年第二季度订购 4R1、8R2
B. 第三年第二季度订购 4R3、4R4，第三年第三季度订购 4R1、8R2
C. 第三年第一季度订购 4R1、4R4，第三年第二季度订购 4R3、8R2

5. 如何订购原材料才能满足在第三年第一季度生产 2 个 P2、1 个 P3 的需求?
A. 第二年第三季订购 3R3、1R4，第二年第四季订购 1R1、2R2
B. 第二年第三季订购 1R1、2R2，第二年第四季订购 3R3、1R4
C. 第二年第三季订购 1R1、2R2，第二年第四季订购 4R3、2R4

第六节　财务规则

微课：财务规则

一、融资规则

企业运营的方方面面都需要用到资金，仅靠企业的初始股本是远远无法满足运营需求的。正所谓“巧妇难为无米之炊”，各类融通的资金就是我们做大做强企业的基础。因此我们要了解该怎么样来管理企业的现金流，从而保证企业现金不断流。在本教材中，企业尚未上市，因此其融资渠道只能是银行贷款和应收账款贴现。

1. 银行贷款

企业贷款需要找到银行，银行可以提供三种不同的贷款，分别是长期贷款、短期贷款和高利贷。这三种贷款的贷款时间、贷款额度、利息等方面不尽相同。

无论长期贷款、短期贷款还是高利贷均以 20 W 为基本贷款单位。长期贷款最长期限为 5 年，短期借款及高利贷期限为 1 年，不足 1 年的按 1 年计息，贷款到期后返还本金。

允许借贷长期贷款的时间是每年的年初阶段（选完订单后），借贷的期限为 2～5 年。借贷后，每年初需支付 10％贷款额的长期贷款利息。如果企业原来借有长期贷款，则需要对原来的长期贷款先付息或者对到期的长期贷款还本付息后，才能进行新的长期贷款的申请。

允许借贷短期贷款的时间是每季度初，短期贷款的期限为 1 年。短期贷款到期后需要一次还本付息。企业每次在办理短期贷款时，需要把已经到期的贷款先还本。

2. 贷款额度

银行的放贷数额不是无限制的，银行每年需要评估企业的经营水平，根据企业的所有者权益来决定放贷金额。在 ERP 沙盘中，企业能够获得的银行贷款额度＝上年度所有者权益×3。

3. 应收账款贴现

企业的银行贷款是有额度限制的。在特别急需资金时，企业也可以通过银行对应收账款进行贴现处理。银行对应收账款的贴现随时可以进行，但是银行会从贴现手续中收取一笔手续费，这就是贴息。贴息计算需要考虑应收账款账期，1、2 季应收账款每 10 W 缴纳 1 W 的贴息费用；3、4 季应收账款每 8 W 缴纳 1 W 的贴息费用；贴息向上取整，不满 1 W 的贴息按 1 W 计算。

融资规则参数如表 2-9 所示。

表 2-9　融资规则参数

贷款类型	贷款时间	贷款额度	年息	还款方式
长期贷款	每年初	所有长短期贷款之和不超过上年权益的 3 倍	10.0％	年初付息，到期还本
短期贷款	每季度初		5.0％	到期一次还本付息
应收账款贴现	任何时间	视应收账款额	1、2 季 10.0 ％	变现时贴息
			3、4 季 12.5 ％	

二、综合费用与税金

1. 综合费用

企业的正常经营会产生各种各样的开支，如研发产品的投入、市场和 ISO 认证的开发投入、生产线的维修费用等。在 ERP 沙盘中，我们把这些开支都归为综合费用，主要包括管理费、广告费、转产费、设备维护费、租金、市场准入开拓费、ISO 认证费等，如表 2-10 所示。

表 2-10　综合费用表

项目	金额	项目	金额
管理费		市场准入开拓费	
广告费		ISO 认证费	
设备维护费		产品研发费	
租金		……	
转产费		合计	

2. 税金

合法经营的企业必须履行纳税义务，缴纳各种税费，如增值税、企业所得税以及其他附加税。在 ERP 沙盘中对这些税费进行了简化处理，只计算企业所得税。

计算企业所得税需要看几个数据：

首先，看本年的税前利润，如果税前利润是负的，代表企业本年度经营亏损，则企业今年不需要缴纳税金。

其次，如果税前利润是正的，则还需要和本年的利润留存比较。本年的利润留存如果是负的，代表企业之前的经营是亏损的，需要将税前利润和利润留存相加，如果相加的结果是负的，代表企业今年获得的利润不能把之前的亏损全部填补完，则企业今年也不需要缴纳税金。

再次，如果税前利润与利润留存的和为正，代表企业今年获得的利润把之前的亏损填补完了，并且还有一些节余，则要对节余部分缴纳企业所得税，税率为 25%（四舍五入）。

最后，如果税前利润和利润留存都是正的，代表企业持续在盈利，则需要对今年全部税前利润缴纳企业所得税，税率为 25%（四舍五入）。

练一练

1. 企业第一年借了 40 W 长期贷款和 80 W 短期贷款，且年末所有者权益为 60 W，请问第二年还能借多少短期贷款？

A. 60 W　　B. 80 W　　C. 120 W

2. 企业第一年借了 3 年期长期贷款 47 W，第二年借了 2 年期长期贷款 20 W，第三年还本付息时要支出多少现金？

A. 7 W　　B. 51 W　　C. 22 W

3. 请问账期为 2Q 的 14 W 应收款贴现后，能拿到多少现金？

A. 12 W　　B. 13 W　　C. 14 W

4. 订单违约金比例为20%，违约一张价值44 W的订单会产生多少损失？

A. 8 W　　B. 44 W　　C. 9 W

5. 企业所得税税率为25%，企业本年税前利润为25 W，利润留存为－30 W，请问今年企业需要缴纳多少企业所得税？

A. 6 W　　B. 0 W　　C. 4 W

第三章

手工沙盘运营

学习目标

◎ 了解企业经营的本质
◎ 熟悉和掌握 ERP 沙盘模拟的各项规则
◎ 学习和应用相关的基础理论知识
◎ 熟练应用手工沙盘和 ERP 沙盘模拟企业经营过程

微课：组建团队

第一节　组 建 团 队

一、高效的运营团队

在沙盘实战对抗中，要将所有的学员分成若干个团队，每个团队经营一个虚拟企业。团队就是由少数有互补技能、愿意为了共同的目的和业绩目标而相互承担责任的人组成的队伍。在每个团队中，各学员分别担任重要职位，包括CEO、财务总监、营销总监、生产总监和采购总监等。在经营过程中，团队的合作是必不可少的。要组建一支高效的经营团队，应注意以下几点。

1. 团队有明确的共同目标

团队必须共同发展，并且要共同完成一个目标。这个目标可以使团队的成员向相同的方向努力，能够调动每个团队成员的积极性，并且使团队成员行动一致。团队要将总体的目标分解为具体的、可量化的、可执行的行动目标。这些具体的目标和总体目标要紧密结合，并且要根据情况随时进行相应的修正。例如，团队确立了企业6年的发展总目标，然后要分解到每一年和每一季度的具体目标。

2. 确保团队成员互补的能力

团队要发展成一个能力完善的组合。例如，担任财务总监的成员要比较细心，对财务的相关知识有一定了解，而担任CEO职务的成员就应该具备比较强的协调能力和组织能力等。

3. 有一位团队型领导

在经营过程中需要做出各种决策，这就需要CEO能够统领全局，协调各部门之间的关系，充分调动起每个成员的积极性，还要能够做出正确的决策。要成为一个高效、统一的团队，团队领导就必须学会在缺乏足够的信息和统一意见的情况下及时做出决定，果断的决策机制往往是以牺牲民主和不同意见为代价而获得的。对于团队领导而言，最难做到的莫过于避免被团队内部虚伪的和谐气氛所误导，并采取种种措施，努力引导和鼓励适当的、有建设性的良性冲突，将被掩盖的问题和不同意见摆到桌面上，通过讨论和合理决策对其加以解决。否则，将对企业的发展造成巨大的消极影响。

4. 每一位成员都具有良好的职业道德

各成员应该按照自己的岗位职责进行经营活动，应该且能够把自己的工作做好。例如，采购总监就应该负责原材料的采购，如果出现差错，会直接影响到以后的生产，而生产的产品数量又影响到交单的情况。所以，一个小环节的疏漏，可能会导致满盘皆输。

此外，作为团队中的一员，首先要尊重别人。法国哲学家罗西法古曾说过："如果你要得到仇人，就表现得比你的朋友优越；如果你要得到朋友，就要让你的朋友表现得比你优越。"其次要能够接受批评，从批评中寻找积极成分。最后要善于交流，同在一个团队的每个成员的知识、能力、经历存在差异，这会造成大家在对待和处理问题时产生不同的想法，因而要通过广泛交流达成共识。总之，作为团队中的一员应该以自己的思想感情、学识修养、道德品质、处世态度、举止风度，做到坦诚而不轻率，谨慎而不拘泥，活泼而不轻浮，豪爽而不粗俗，这样就可以和其他团队成员融洽相处，提高团队作战的能力。

二、企业组织机构与职能定位

任何一个企业在创建之初都要建立与其企业类型相适合的组织机构。组织机构是保证企业正常运转的基本条件。ERP 沙盘模拟企业经营实训课程采用了简化企业组织机构的方式，企业组织由几个主要角色代表，包括企业首席执行官(CEO)、营销总监、生产总监、采购总监、财务总监。考虑到企业业务职能部门的划分，可以把教学对象按每 5、6 人分为一组，组成一个企业，每个人扮演不同角色。下面对每个角色的岗位职责做简单的描述，以便于受训者根据自身知识与能力来选择扮演相应角色。企业的职能定位如图 3-1 所示。

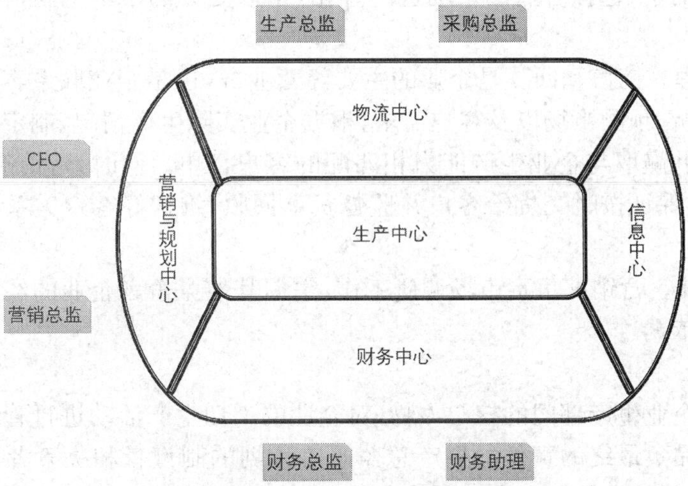

图 3-1 企业职能定位

模拟的企业主要设置五个基本职能部门(可根据学生人数适当调整)，其主要职责如图 3-2 所示。

CEO	财务总监	营销总监	生产总监	采购总监
· 制定发展战略	· 日常财务记账和登账	· 市场调查分析	· 产品研发管理	· 编制采购计划
· 竞争格局分析	· 向税务部门报税	· 市场进入策略	· 管理体系认证	· 与供应商谈判
· 经营指标确定	· 提供财务报表	· 品种发展策略	· 固定资产投资	· 签订采购合同
· 业务策略制定	· 日常现金管理	· 广告宣传策略	· 编制生产计划	· 监控采购过程
· 全面预算管理	· 企业融资策略制定	· 制定销售计划	· 平衡生产能力	· 到货验收
· 管理团队协同	· 成本费用控制	· 争取订单与谈判	· 生产车间管理	· 仓储管理
· 企业绩效分析	· 资金调度与风险管理	· 签订合同与过程控制	· 产品质量保证	· 采购支付决择
· 业绩考评管理	· 财务制度与风险管理	· 发货及应收款管理	· 成品库存管理	· 与财务部门协调
· 管理授权与总结	· 财务分析与协助决策	· 销售绩效分析	· 产品外协管理	· 与生产部门协同

图 3-2 各岗位职责明细

1. 首席执行官

首席执行官(Chief Executive Officer,CEO)。在实训过程中,由 CEO 依据沙盘流程带领各部门按部就班地开展企业经营。企业所有的重要决策均由 CEO 带领团队成员共同完成,如果大家意见不一致,由 CEO 拍板决定。

2. 营销总监

企业的利润是由销售收入创造的,实现销售是企业生存和发展的关键。营销总监在企业中的地位是至关重要的。在 ERP 沙盘模拟企业经营中,营销总监所担负的主要职责是开拓市场和实现销售。其具体任务如下:

(1) 开拓市场。通常,一家企业最初是在所在地注册并开始经营的,经过几年的经营,才在本地市场上站稳脚跟。企业在实现国际化经营的过程中,既要稳定现有的市场,也要详细分析新市场的需求,选择合适的市场进行开拓,争取更大的市场空间,力求在销量上实现增长。

(2) 销售管理。销售和回款是企业的主要经营业务,也是企业联系客户的门户。为此,营销总监应该分析、预测市场以及客户需求,根据企业实际生产情况,制定销售计划,有选择地进行广告投放并赢取与企业生产能力相匹配的客户订单。同时,营销部门要做好和生产部门的沟通工作,保证按时交货给客户并监督货款回收,维护好客户关系,科学地进行客户关系管理。

(3) 商业间谍。营销部负责市场调研工作,掌握其他竞争者企业的经营信息,为本企业的营销决策提供依据。

3. 生产总监

生产总监是企业生产部门的核心人物,对企业的一切生产活动进行管理,并对企业的一切生产活动及产品负最终的责任。生产总监既是计划的制订者和决策者,又是生产过程的监控者,对企业目标的实现负有重大的责任。他的职责是通过计划、组织、指挥和控制等手段实现企业资源的优化配置,创造最大经济效益。

生产管理的范畴主要包括:负责公司生产、安全、仓储、环卫及现场管理方面的工作协调以完成生产计划,维持生产低成本稳定运行,并处理好有关的外部工作关系;生产计划的制订、落实及生产和能源的调度控制,保持生产正常运行,及时交货;组织新产品研发,扩充并改进生产设备,不断降低生产成本;做好生产车间的现场管理,保证安全生产;预测企业生产能力,协助销售完成销售工作。

4. 采购总监

企业的物流作业包括采购、保管、分销三个部分。在 ERP 沙盘模拟企业经营中,储存保管、商品养护的部分省略了,主要作业集中在原材料采购和成品库存的管理上。

采购是企业生产的首要环节。采购总监负责编制并实施采购供应计划,分析各种物资供应渠道及市场供求变化情况,力求从价格上、质量上把好第一关,确保在合适的时间点采购合适的品种及数量的物资,为企业生产做好后勤保障。同时,采购总监应该融合 JIT 准时制的采购管理思想,避免因为过度采购而导致现金积压。

5. 财务总监

在企业中,会计与财务的职能常常是分离的,它们有着不同的目标和工作内容。会计主要负责日常现金收支管理,定期核查企业的经营状况,核算企业的经营成果,制定预算及对成本数据的分类和分析。财务主要负责资金的筹集、管理，做好现金预算，管好、用好资金。在ERP沙盘模拟企业经营中，财务总监的主要任务是管好现金流，按运营流程来支付各项费用；核算成本；按时编制财务报表并做好财务分析；进行现金预算；采用经济有效的方式筹集资金；将资金成本控制到较低水平；控制公司财务费用。

三、企业成立

1. 企业命名

在企业成立之后，每个小组要召开第一次员工大会，大会由CEO主持。在这次会议中各成员要为自己组建的企业命名。企业名称对一个企业将来的发展至关重要，因为企业名称不仅关系到企业在行业内的影响力，还关系到企业所经营的产品投放市场后，消费者对企业的认可度。因此，各小组要集思广益，为自己的企业起一个响亮的名字。

2. 确定企业使命

企业使命是在企业愿景的基础上，具体地定义企业在全社会经济领域中所经营的活动范围和层次，具体地表述企业在社会经济活动中的身份或角色。它包括的内容有企业的经营哲学、企业的宗旨和企业的形象。在第一次员工大会上，成员应集体讨论确定企业的宗旨和企业形象等问题。

3. CEO上台演讲

小组根据讨论内容，在白板纸上制作公司海报，海报内容包括企业名称、各岗位成员、企业的宗旨、logo等信息。由CEO代表本企业进行上台演讲，介绍本企业并阐述企业的使命与目标等，为下一步具体经营、管理企业指明方向。

四、基础规则

模拟企业的基础规则如表3-1所示。

表3-1　基础规则

一、生产线										
名称	投资总额	每季投资额	安装周期	生产周期	总转产费用	转产周期	维修费	残值	折旧费	折旧时间
手工线	5 W	5 W	无	2季	0 W	0季	1 W/年	1 W	1 W	5年
全自动线	15 W	5 W	3季	1季	2 W	1季	2 W/年	3 W	3 W	5年
柔性线	20 W	5 W	4季	1季	0 W	0季	2 W/年	4 W	4 W	5年
租赁线	0 W	0 W	无	1季	2 W	1季	6 W/年	−6 W	0 W	0年

（续表）

二、融资

贷款类型	贷款时间	贷款额度	年息	还款方式
长期贷款	每年初	所有长短期贷款之和不超过上年权益的3倍	10.0%	年初付息，到期还本
短期贷款	每季度初		5.0%	到期一次还本付息
应收款贴现	任何时间	视应收款额	1、2季10.0% 3、4季12.5%	变现时贴息

三、厂房

名称	购买价格	租金	出售价格	容量
大厂房	40 W	6 W	40 W	6条生产线
小厂房	20 W	3 W	20 W	4条生产线

库存拍卖	100%（产品）；80%（原材料）

四、产品研发

名称	开发费	开发时间	加工费	直接成本	产品组成
P1	1 W/季	2季	1 W	2 W	R1×1
P2	1 W/季	3季	1 W	3 W	R2×1；R3×1
P3	1 W/季	4季	1 W	4 W	R1×1；R3×1；R4×1
P4	1 W/季	5季	1 W	5 W	R2×2；R3×1；R4×1

五、市场开拓

本地	1 W/年	1年
区域	1 W/年	1年
国内	1 W/年	2年
亚洲	1 W/年	3年
国际	1 W/年	4年

六、ISO认证

名称	开发费	开发时间
ISO9000	1 W/年	2年
ISO14000	2 W/年	2年

七、原料设置

名称	购买单价	提前期
R1	1 W	1季
R2	1 W	1季
R3	1 W	2季
R4	1 W	2季

八、重要参数

违约金比例	0.2	最大厂房数量	4个
产品折价率	1	原材料折价率	0.8
竞单时间	90秒	竞单同竞数	3
初始现金	80 W	管理费	1 W
信息费	1 W	企业所得税率	0.25
最大长期贷款年限	3年	最小得单广告额	1 W
原材料紧急采购倍数	2倍	产品紧急采购倍数	3倍
选单时间	45秒	首位选单补时	15秒
市场同开数量	2	市场老大	无

第二节　任务书：第一年

一、第一年任务书

1. 任务描述

第一年的任务书(见表 3-2)下发后，各公司在教师的指导下完成手工沙盘第一年经营，并最终完成第一年报表。

2. 任务目标

(1) 学习生产线安装、产品研发、下达原材料订单。

(2) 初步认识经营记录表和年终报表。

表 3-2　任务书①

开始第一年运营

序号	操作步骤
1	租一个大厂房
2	研发 P1、P2 产品
3	第一季度开始建一条柔性线，准备生产 P2；第二季度开始建一条全自动线，准备生产 P1
4	ISO 和市场全部开发
5	预计第二年新建两条手工线(一条生产 P1，一条生产 P2)，请合理地下达原材料订单
6	准确完成本年运营，完成报表

二、第一年任务分析

第一年的操作相对简单，主要是公司的组建工作。在运营过程中，需要注意的是经营记录表的填制，具体填制如表 3-3 所示。

表 3-3　经营记录表

公司__________第一年经营

执行完每一项操作，CEO 在相应的方格内打钩，财务总监填写相应现金流，生产(物流)总监填写相应产品(原材料)数。				
	手工操作流程	系统操作	手工记录	
年初	支付应付税	系统自动		
	支付长期贷款利息			
	更新长期贷款/长期贷款还款			
	广告投放	输入广告费确认		
	参加订货会/登记订单	选单环节		
	申请长期贷款	输入贷款数额并确认		

（续表）

	手工操作流程	系统操作	手工记录			
▲1	季初盘点（请填余额）	当季开始	80 W	68 W	56 W	43 W
2	更新短期贷款/短期贷款还本付息	系统自动				
	更新生产/产品完工/生产线完工/转产完工					
3	申请短期贷款	输入贷款数额并确认				
▲4	更新原材料订单/原材料入库	系统自动，需要确认金额				
5	下达原材料订单	输入并确认			0/0/2/0	2/2/1/0
6	购置厂房	选择并确认，可租可买	−6 W			
7	新建生产线	选择并确认	−5 W	−5 W		
8	在建生产线			−5 W	−10 W	−10 W
9	生产线转产					
10	变卖生产线					
11	开始下一批生产					
▲12	更新应收款/应收款收现	系统自动，需要确认金额				
13	按订单交货	选择交货订单确认				
14	产品研发投资	选择并确认		−1 W	−2 W	−2 W
15	厂房处理（买转租/退租/租转买）	买转租自动转四期应收账款				
▲16	当季结束（支付管理费/租金/产品生产资格换证）	确认后自动扣除相应费用，并自动检测产品研发情况	−1 W	−1 W	−1 W	−1 W
17	紧急采购	可以随时进行项目				
18	出售库存					
19	厂房贴现					
20	应收款贴现					
21	间谍					
22	季末收入合计			0 W	0 W	0 W
23	季末支出合计			12 W	12 W	13 W
24	季末数额对账[(1)+(22)−(23)]			68 W	56 W	43 W

（续表）

	手工操作流程	系统操作	手工记录	
年末	市场开拓	选择并确认		−5 W
	ISO资格投资	选择并确认		−3 W
	缴纳违约订单罚款	系统自动		
	支付设备维护费			
	计提折旧	系统自动(生产线净值)		(0)
	结账			22 W

注:(1) ▲为操作节点,确认后该步骤之前的步骤都不允许操作。

(2) 在运营过程中,一定要确保物理沙盘和经营记录表同步进行并且账实相符。CEO在监督各个岗位的执行情况后和财务总监共同完成现金流量表。

(3) 在填制原材料订单时,建议使用2/2/1/0来简化2R1/2R2/1R3/0R4类似的填写格式。

在年末结账且确认无误后,可尝试填写年终报表。由于第一年不需要学生独立决策,因此年终报表较为简单。

1. 综合费用表

综合费用表用于登记企业日常运营过程中发生的各项费用,使学生可以直观地在物理沙盘台面上找到各项费用的对应数额。综合费用表第一年的填写情况如表3-4所示。

表3-4　综合费用表

项　目	金额	项　目	金额
管理费	4 W	产品研发费	5 W
广告费	0 W	ISO认证费	3 W
设备维护费	0 W	信息费	0 W
转产费	0 W	其他	0 W
租金	6 W	合计	23 W
市场准入开拓费	5 W		

2. 利润表

利润表中各项目的数据来源如表3-5所示。

表3-5　利润表

项目	数据来源
销售收入	今年完成订单的销售额合计
直接成本	今年完成订单销售产品的成本合计
毛利	毛利＝销售收入－直接成本
综合费用	根据“综合费用表”中的合计数
折旧前利润	折旧前利润＝毛利－综合费用

（续表）

项目	数据来源
折旧	根据沙盘盘面费用区中的“折旧”数
支付利息前利润	支付利息前利润＝折旧前利润－折旧
财务费用	根据沙盘盘面费用区中的“利息＋贴息”数
税前利润	税前利润＝支付利息前利润－财务费用
企业所得税	企业所得税＝税前利润×25％（取整）
净利润	净利润＝税前利润－所得税

【知识点】 企业亏损时期是不用交税的。如果以前年度利润为负数，企业用盈利弥补以前的亏损后还有利润的，才需要交税。

第一年利润表填写如表 3-6 所示。

表 3-6　利润表

项　　目	金额	项　　目	金额
销售收入	0 W	支付利息前利润	－23 W
直接成本	0 W	财务费用	0 W
毛利	0 W	税前利润	－23 W
综合费用	23 W	企业所得税	0 W
折旧前利润	－23 W	净利润	－23 W
折旧	0 W		

3. 资产负债表

资产负债表是股东查看公司现有资产情况的重要依据，资产负债表填写的各项目数据来源如表 3-7 所示。

表 3-7　资产负债表

资产	数据来源	负债和所有者权益	数据来源
现金	根据现金区的现金清点数额	长期负债	根据长期贷款区的记录数额
应收账款	根据应收账款区的记录数额	短期负债	根据短期贷款区的记录数额
在制品	清点生产线上的在制品的总成本	特别贷款	一般来源为裁判特殊融资
产成品	清点成品库中的成品总成本	应交税费	根据利润表中的所得税填写
原材料	清点原材料库中的原料总成本		
流动资产合计	以上五项之和	负债合计	以上四项之和
土地和建筑	清点企业购买厂房价值的数额	股东资本	股东不增资情况下为 80 万元
机器与设备	清点生产线净值的数额	利润留存	上年利润留存＋上年年度净利

（续表）

资产	数据来源	负债和所有者权益	数据来源
在建工程	清点正在建造的生产线净值数额	年度净利	根据利润表中的净利润填写
固定资产合计	以上三项之和	所有者权益合计	以上三项之和
资产总计	流动资产合计＋固定资产合计	负债和所有者权益总计	负债合计＋所有者权益合计

第一年资产负债表填写如表 3-8 所示。

表 3-8　资产负债表

项目	金额	项目	金额
现金	22 W	长期负债	0 W
应收账款	0 W	短期负债	0 W
在制品	0 W	特别贷款	0 W
产成品	0 W	应交税费	0 W
原材料	0 W	—	—
流动资产合计	22 W	负债合计	0 W
土地和建筑	0 W	股东资本	80 W
机器与设备	0 W	利润留存	0 W
在建工程	35 W	年度净利	－23 W
固定资产合计	35 W	所有者权益合计	57 W
资产总计	57 W	负债和所有者权益总计	57 W

【知识点】 会计恒等式：资产＝负债＋所有者权益，若资产负债表两边总计不相等，则表示年终报表填写错误，需要财务总监返回检查。

第三节　任务书：第二年

一、第二年任务书

1. 任务描述

第二年的任务书（见表 3-9）上添加了不少新任务，学生在教师的带领下完成第二年的运营并且提交正确的报表。

2. 任务目标

（1）学习企业融资手段、安排生产、提交订单。

（2）了解贷款利息的取整规则。

(3) 理解原材料的采购提前期。

表3-9　任务书②

完成第二年运营

序号	操作步骤
1	投放广告费5 W,拿到的订单如表3-10所示
2	厂房续租
3	生产产品
4	按订单交货
5	第一季度开始研发P3
6	第一季度新建两条手工线,第二季度新建一条P3全自动线
7	按规定缴纳设备维护费(维修费)
8	继续开发剩余的ISO和市场
9	合理运营,完成本年报表

表3-10　订单

订单编号	产品与数量	销售额	交货期	账期
1	3P1	17 W	4季	2季
2	1P1	6 W	2季	0季
3	2P2	14 W	3季	4季
4	2P2	16 W	4季	2季

二、第二年任务分析

1. 订单分析

一张完整的订单主要有产品种类、数量、销售额、交货期、账期等要素,销售总监在拿订单之前一定要综合考虑。在规则有"市场老大"的情况下,拿单市场这个要素也很重要。

2. 融资说明

融资的手段有长期贷款、短期贷款、应收账款贴现、厂房贴现、出售库存、出售生产线。根据实战经验和节约成本的原则,以上融资选择的优先程度为:长短期贷款组合＞应收账款贴现＞厂房贴现＞出售库存＞出售生产线。需要注意的是,贷款利息的取整方式为四舍五入,贴现的取整方式为向上取整。

3. 生产说明

一共有四种类型的生产线可以选择。其中,全自动线没有办法轻易转产,需要相应的时间和费用才可以。而手工线和柔性线转产比较简单。在安排生产计划和提交订单的时候一定要注意这种情况。

4. 提交订单说明

在某张订单要求的交货期内,公司在生产足够的产品和数量之后,才可以提交订单。提交订单后，公司可以获得相应的销售额，可能是应收账款，也可能是现金，现金直接放入现金库内，应收账款放入应收账款与账期相对应的方格内。

5. 原材料采购说明

原材料采购是新接触沙盘的学生最容易出错的部分。在制定原材料采购计划的过程中，首先应制定出生产计划，其次根据生产计划计算每个季度的原材料需求量，最后根据每季度原材料需求量以及规则中的采购提前期，提前下达原材料订单（各种原材料的提前期不同，需要分别计算）。

第二年合理经营情况大致如表 3-11 所示。

表 3-11 经营记录表

公司__________第二年经营

执行完每一项操作，CEO 在相应的方格内打钩，财务总监填写相应现金流，生产（物流）总监填写相应产品（原材料）数。

	手工操作流程	系统操作	手工记录			
年初	支付应付税	系统自动				
	支付长期贷款利息					
	更新长期贷款/长期贷款还款					
	广告投放	输入广告费确认	−5 W			
	参加订货会/登记订单	选单环节				
	申请长期贷款	输入贷款数额并确认	+14 W			
▲1	季初盘点（请填余额）	当季开始	31 W	3 W	26 W	9 W
2	更新短期贷款/短期贷款还本付息	系统自动				
	更新生产/产品完工/生产线完工/转产完工			1/1/0/0	2/2/0/0	1/1/0/0
3	申请短期贷款	输入贷款数额并确认		+29 W		+29 W
▲4	更新原材料订单/原材料入库	系统自动，需要确认金额	−6 W	−3 W	−6 W	−3 W
5	下达原材料订单	输入并确认	1/1/2/0	2/2/1/0	1/1/3/1	3/2/2/1
6	购置厂房	选择并确认，可租可买				
7	新建生产线	选择并确认	−10 W	−5 W		
8	在建生产线				−5 W	−5 W
9	生产线转产					
10	变卖生产线					
11	开始下一批生产		−4 W (2/2/0/0)	−2 W (1/1/0/0)	−4 W (2/2/0/0)	−2 W (1/1/0/0)

（续表）

	手工操作流程	系统操作	手工记录			
▲12	更新应收款/应收款收现	系统自动，需要确认金额				
13	按订单交货	选择交货订单确认		+6 W (2)	(3)	(1)(4)
14	产品研发投资	选择并确认	−1 W	−1 W	−1 W	−1 W
15	厂房处理（买转租/退租/租转买）	买转租自动转四期应收账款				
▲16	当季结束（支付管理费/租金/产品生产资格换证）	确认后自动扣除相应费用，并自动检测产品研发情况	−1 W −6 W	−1 W	−1 W	−1 W
17	紧急采购	可以随时进行项目				
18	出售库存					
19	厂房贴现					
20	应收款贴现					
21	间谍					
22	季末收入合计				35 W	
23	季末支出合计			28 W	12 W	17 W
24	季末数额对账[(1)+(22)−(23)]			3 W	26 W	9 W
年末	市场开拓	选择并确认				−3 W
	ISO资格投资	选择并确认				−3 W
	缴纳违约订单罚款	系统自动				
	支付设备维护费					−6 W
	计提折旧	系统自动（生产线净值）				(0)
	结账					14 W

注：(1) ▲为操作节点，确认后该步骤之前的步骤都不允许操作。

(2) 开始生产和产品完工项目，也应类似于原材料采购，分别写清楚各种产品的数量。

(3) “按订单交货”项目栏要填写订单号，以备日后的核查。

(4) 生产线的折旧费用在建成当年为0，折旧费用从生产线净值中扣除。

(5) 上一年租的厂房，到今年需要续租时，是在“当季结束”项目栏和管理费一起扣除。

年终报表填写情况如表3-12至表3-14所示。

表 3-12　综合费用表

项　目	金额
管理费	4 W
广告费	5 W
设备维护费	6 W
转产费	0 W
租金	6 W
市场准入开拓费	3 W
产品研发费	3 W
ISO 认证费	4 W
信息费	0 W
其他	0 W
合计	31 W

表 3-13　利润表

项　目	金额
销售收入	53 W
直接成本	20 W
毛利	33 W
综合费用	31 W
折旧前利润	2 W
折旧	0 W
支付利息前利润	2 W
财务费用	0 W
税前利润	2 W
企业所得税	0 W
净利润	2 W

表 3-14　资产负债表

项目	金额	项目	金额
现金	14 W	长期负债	14 W
应收账款	47 W	短期负债	58 W
在制品	10 W	特别贷款	0 W
产成品	0 W	应交税费	0 W
原材料	0 W	—	—
流动资产合计	71 W	负债合计	72 W
土地和建筑	0 W	股东资本	80 W
机器与设备	45 W	利润留存	−23 W
在建工程	15 W	年度净利	2 W
固定资产合计	60 W	所有者权益合计	59 W
资产总计	131 W	负债和所有者权益总计	131 W

第四节　任务书：第三年

一、第三年任务书

1. 任务描述

第三年的任务书(见表 3-15)相比于第二年，学生的自主决策有所增加。第三年经营过程中，教师可以提供一定的帮助，但是决策必须由学生自行完成。

2. 任务目标

(1) 学习转产、紧急采购、所得税的计算。

(2) 了解维护费和折旧的区别。

(3) 了解其他费用的计算和填写。

表 3-15 任务书③

序号	操作步骤
1	广告费 10 W，拿到的订单如表 3-16 所示
2	第二季度开始建设一条 P2 全自动线
3	第三季度手工线全部生产 P1
4	下一年第一季度手工线生产 P1，柔性线准备生产 P2 或 P3 的原材料
5	不要研发 P4，市场继续开发
6	合理运营，完成本年报表

表 3-16 订单

订单编号	产品与数量	销售额	交货期	账期
1	2P1	11 W	1 季	2 季
2	2P2	16 W	2 季	2 季
3	3P1	18 W	3 季	2 季
4	5P2	35 W	4 季	2 季
5	3P1	16 W	4 季	2 季
6	3P3	35 W	4 季	0 季

二、第三年任务分析

各公司在拿到订单后，就会发现今年的订单存在问题。公司现有正在使用的生产线四条：一条全自动线生产 P1；两条手工线一条生产 P1，一条生产 P2；一条柔性线正在生产 P2。这四条线今年最多能产出 6P1/6P2。另外，公司上一年新建了一条 P3 全自动线，今年也能投入使用，预计能产出 3P3。因此，今年公司最大产能为 6P1/6P2/3P3。可是今年公司拿到的 6 张订单，需要的产品数量总计为 8P1/7P2/3P3，公司现有的产能没有办法满足全部订单，怎么办？

当公司没有办法完成所有订单时，可以采用的解决方法有三种：第一，放弃部分订单；第二，紧急采购部分产品以完成订单；第三，利用手工线或者租赁线的快速建造特性来补充产品以完成订单要求。围绕这三种解决方法，能产生以下几种经营方案。

1. 经营方案一

违约订单编号为 1 和 2 的订单，完成剩余订单共计 6P1/5P2/3P3，经营方案如表 3-17

至表 3-20 所示。

表 3-17 经营记录表

公司__________第三年经营

执行完每一项操作，CEO 在相应的方格内打钩，财务总监填写相应现金流，生产(物流)总监填写相应产品(原材料)数。

	手工操作流程	系统操作	手工记录			
年初	支付应付税	系统自动				
	支付长期贷款利息					
	更新长期贷款/长期贷款还款		−1 W			
	广告投放	输入广告费确认	−10 W			
	参加订货会/登记订单	选单环节				
	申请长期贷款	输入贷款数额并确认	+20 W			
▲1	季初盘点(请填余额)	当季开始	23 W	31 W	48 W	43 W
2	更新短期贷款/短期贷款还本付息	系统自动		−30 W		−30 W
	更新生产/产品完工/生产线完工/转产完工		2/2/0/0	1/1/1/0	2/2/1/0	1/1/1/0
3	申请短期贷款	输入贷款数额并确认	+29 W	+29 W		+29 W
▲4	更新原材料订单/原材料入库	系统自动，需要确认金额	−9 W	−6 W	−8 W	−6 W
5	下达原材料订单	输入并确认	2/1/2/1	4/1/2/1	2/1/4/2	4/3/3/2
6	购置厂房	选择并确认，可租可买				
7	新建生产线	选择并确认		−5 W		
8	在建生产线				−5 W	−5 W
9	生产线转产					
10	变卖生产线					
11	开始下一批生产		−5 W (2/2/1/0)	−3 W (1/1/1/0)	−5 W (3/1/1/0)	−3 W (1/1/1/0)
▲12	更新应收款/应收款收现	系统自动，需要确认金额		+33 W	+14 W	+18 W
13	按订单交货	选择交货订单确认		(3)		+35 W (4)(5)(6)
14	产品研发投资	选择并确认				
15	厂房处理(买转租/退租/租转买)	买转租自动转四期应收账款				

（续表）

	手工操作流程	系统操作	手工记录			
▲16	当季结束（支付管理费/租金/产品生产资格换证/缴纳违约订单罚款）	确认后自动扣除相应费用，并自动检测产品研发情况	−1 W −6 W	−1 W	−1 W	−1 W
17	紧急采购	可以随时进行项目				
18	出售库存					
19	厂房贴现					
20	应收款贴现					
21	间谍					
22	季末收入合计		29 W	62 W	14 W	82 W
23	季末支出合计		21 W	45 W	19 W	45 W
24	季末数额对账［(1)＋(22)－(23)］		31 W	48 W	43 W	80 W
年末	市场开拓	选择并确认				−2 W
	ISO 资格投资	选择并确认				
	缴纳违约订单罚款	系统自动				−5 W (1)(2)
	支付设备维护费					−8 W
	计提折旧	系统自动（生产线净值）				(9)
	结账					65 W

注：▲为操作节点，确认后该步骤之前的步骤都不允许操作。

表 3-18　综合费用表

项　目	金额
管理费	4 W
广告费	10 W
设备维护费	8 W
转产费	0 W
租金	6 W
市场准入开拓费	2 W
产品研发费	0 W
ISO 认证费	4 W
信息费	0 W
其他	5 W
合计	35 W

表 3-19　利润表

项　目	金额
销售收入	104 W
直接成本	39 W
毛利	65 W
综合费用	35 W
折旧前利润	30 W
折旧	9 W
支付利息前利润	21 W
财务费用	3 W
税前利润	18 W
企业所得税	0 W
净利润	18 W

表 3-20　资产负债表

项目	金额	项目	金额
现金	65 W	长期负债	34 W
应收账款	51 W	短期负债	87 W
在制品	13 W	特别贷款	0 W
产成品	2 W	应交税费	0 W
原材料	0 W	—	—
流动资产合计	132 W	负债合计	121 W
土地和建筑	0 W	股东资本	80 W
机器与设备	51 W	利润留存	−21 W
在建工程	15 W	年度净利	18 W
固定资产合计	66 W	所有者权益合计	77 W
资产总计	198 W	负债和所有者权益总计	198 W

该方案在当年结束之后，剩余 1P2，缴纳违约金 5 W 计入综合费用表“其他”项目，净利润 18 W。在运营过程中请不要忘记任务书中的手工线转产。

2. 经营方案二

违约订单编号为 1 的订单，在第四季度紧急采购 1P2，完成剩余订单共计 6P1/7P2/3P3，经营方案如表 3-21 至表 3-24 所示。

表 3-21　经营记录表

公司_________第三年经营

执行完每一项操作，CEO 在相应的方格内打钩，财务总监填写相应现金流，生产（物流）总监填写相应产品（原材料）数。						
	手工操作流程	系统操作	手工记录			
年初	支付应付税					
	支付长期贷款利息	系统自动				
	更新长期贷款/长期贷款还款		−1 W			
	广告投放	输入广告费确认	−10 W			
	参加订货会/登记订单	选单环节				
	申请长期贷款	输入贷款数额并确认	+20 W			
▲1	季初盘点（请填余额）	当季开始	23 W	31 W	48 W	43 W
2	更新短期贷款/短期贷款还本付息	系统自动		−30 W		−30 W
	更新生产/产品完工/生产线完工/转产完工		2/2/0/0	1/1/1/0	2/2/1/0	1/1/1/0

（续表）

	手工操作流程	系统操作	手工记录			
3	申请短期贷款	输入贷款数额并确认	+29 W	+29 W		
▲4	更新原材料订单/原材料入库	系统自动，需要确认金额	−9 W	−6 W	−8 W	−6 W
5	下达原材料订单	输入并确认	2/1/2/1	4/1/2/1	2/1/4/2	4/3/3/2
6	购置厂房	选择并确认，可租可买				
7	新建生产线	选择并确认		−5 W		
8	在建生产线				−5 W	−5 W
9	生产线转产					
10	变卖生产线					
11	开始下一批生产		−5 W (2/2/1/0)	−3 W (1/1/1/0)	−5 W (3/1/1/0)	−3 W (1/1/1/0)
▲12	更新应收款/应收款收现	系统自动，需要确认金额		+33 W	+30 W	+18 W
13	按订单交货	选择交货订单确认	(2)	(3)		+35 W (4)(5)(6)
14	产品研发投资	选择并确认				
15	厂房处理（买转租/退租/租转买）	买转租自动转四期应收账款				
▲16	当季结束（支付管理费/租金/产品生产资格换证/缴纳违约订单罚款）	确认后自动扣除相应费用，并自动检测产品研发情况	−1 W −6 W	−1 W	−1 W	−1 W
17	紧急采购	可以随时进行项目				−9 W (1P2)
18	出售库存					
19	厂房贴现					
20	应收款贴现					
21	间谍					
22	季末收入合计		29 W	62 W	30 W	53 W
23	季末支出合计		21 W	45 W	19 W	54 W
24	季末数额对账[(1)+(22)−(23)]		31 W	48 W	59 W	58 W
年末	市场开拓	选择并确认				−2 W
	ISO资格投资	选择并确认				
	缴纳违约订单罚款	系统自动				−2 W (1)
	支付设备维护费					−8 W
	计提折旧	系统自动（生产线净值）				(9)
	结账					46 W

注：▲为操作节点，确认后该步骤之前的步骤都不允许操作。

表 3-22　综合费用表

项目	金额
管理费	4 W
广告费	10 W
设备维护费	8 W
转产费	0 W
租金	6 W
市场准入开拓费	2 W
产品研发费	0 W
ISO 认证费	0 W
信息费	0 W
其他	8 W
合计	38 W

表 3-23　利润表

项目	金额
销售收入	120 W
直接成本	45 W
毛利	75 W
综合费用	38 W
折旧前利润	37 W
折旧	9 W
支付利息前利润	28 W
财务费用	3 W
税前利润	25 W
企业所得税	1 W
净利润	24 W

表 3-24　资产负债表

项目	金额	项目	金额
现金	46 W	长期负债	34 W
应收账款	51 W	短期负债	58 W
在制品	13 W	特别贷款	0 W
产成品	0 W	应交税费	1 W
原材料	0 W	—	—
流动资产合计	110 W	负债合计	93 W
土地和建筑	0 W	股东资本	80 W
机器与设备	51 W	利润留存	−21 W
在建工程	15 W	年度净利	24 W
固定资产合计	66 W	所有者权益合计	83 W
资产总计	176 W	负债和所有者权益总计	176 W

该方案中，紧急采购 1P2 花费现金 9 W，其中 3 W 计入直接成本，剩余 6 W 计入综合费用表“其他”项目，缴纳违约金 2 W 计入综合费用表“其他”项目。税前利润 25 W，弥补以前亏损(利润留存负 21 W)后，剩余 4 W 需计算企业所得税，计算得出企业所得税 1 W，净利润为 24 W。

3. 经营方案三

违约订单编号为 1 的订单，在第二季度租小厂房，建一条 P2 手工线，并且在第二季度紧急采购原材料 1R3，完成剩余订单共计 6P1/7P2/3P3。经营方案如表 3-25 至表 3-28 所示。

表 3-25 经营记录表

公司__________第三年经营

执行完每一项操作，CEO 在相应的方格内打钩，财务总监填写相应现金流，生产（物流）总监填写相应产品（原材料）数。

	手工操作流程	系统操作	手工记录			
年初	支付应付税	系统自动				
年初	支付长期贷款利息	系统自动				
年初	更新长期贷款/长期贷款还款	系统自动	−1 W			
年初	广告投放	输入广告费确认	−10 W			
年初	参加订货会/登记订单	选单环节				
年初	申请长期贷款	输入贷款数额并确认	+20 W			
▲1	季初盘点（请填余额）	当季开始	23 W	31 W	36 W	47 W
2	更新短期贷款/短期贷款还本付息	系统自动		−30 W		−30 W
2	更新生产/产品完工/生产线完工/转产完工	系统自动	2/2/0/0	1/1/1/0	2/2/1/0	1/2/1/0
3	申请短期贷款	输入贷款数额并确认	+29 W	+29 W		
▲4	更新原材料订单/原材料入库	系统自动，需要确认金额	−9 W	−7 W	−8 W	−8 W
5	下达原材料订单	输入并确认	2/2/2/1	4/1/3/1	2/2/4/2	4/3/4/2
6	购置厂房	选择并确认，可租可买		−3 W		
7	新建生产线	选择并确认		−10 W		
8	在建生产线	选择并确认			−5 W	−5 W
9	生产线转产	选择并确认				
10	变卖生产线	选择并确认				
11	开始下一批生产	选择并确认	−5 W (2/2/1/0)	−4 W (1/2/1/0)	−5 W (3/1/1/0)	−4 W (1/2/1/0)
▲12	更新应收款/应收款收现	系统自动，需要确认金额		+33 W	+30 W	+18 W
13	按订单交货	选择交货订单确认	(2)	(3)		+35 W (4)(5)(6)
14	产品研发投资	选择并确认				
15	厂房处理（买转租/退租/租转买）	买转租自动转四期应收账款				
▲16	当季结束（支付管理费/租金/产品生产资格换证/缴纳违约订单罚款）	确认后自动扣除相应费用，并自动检测产品研发情况	−1 W −6 W	−1 W	−1 W	−1 W

（续表）

	手工操作流程	系统操作	手工记录			
17	紧急采购	可以随时进行项目		−2 W (1R3)		
18	出售库存					
19	厂房贴现					
20	应收款贴现					
21	间谍					
22	季末收入合计		29 W	62 W	30 W	48 W
23	季末支出合计		21 W	57 W	19 W	53 W
24	季末数额对账[(1)+(22)−(23)]		31 W	36 W	47 W	52 W
年末	市场开拓	选择并确认				−2 W
	ISO资格投资	选择并确认				
	缴纳违约订单罚款	系统自动				−2 W (1)
	支付设备维护费					−9 W
	计提折旧	系统自动(生产线净值)				
	结账					(9)

注:▲为操作节点,确认后该步骤之前的步骤都不允许操作。

表3-26 综合费用表

项目	金额
管理费	4 W
广告费	10 W
设备维护费	9 W
转产费	0 W
租金	9 W
市场准入开拓费	2 W
产品研发费	0 W
ISO认证费	0 W
信息费	0 W
其他	3 W
合计	37 W

表3-27 利润表

项目	金额
销售收入	120 W
直接成本	45 W
毛利	75 W
综合费用	37 W
折旧前利润	38 W
折旧	9 W
支付利息前利润	29 W
财务费用	3 W
税前利润	26 W
企业所得税	1 W
净利润	25 W

表 3-28　资产负债表

项目	金额	项目	金额
现金	39 W	长期负债	34 W
应收账款	51 W	短期负债	58 W
在制品	16 W	特别贷款	0 W
产成品	0 W	应交税费	1 W
原材料	0 W	—	—
流动资产合计	106 W	负债合计	93 W
土地和建筑	0 W	股东资本	80 W
机器与设备	56 W	利润留存	−21 W
在建工程	15 W	年度净利	25 W
固定资产合计	71 W	所有者权益合计	84 W
资产总计	177 W	负债和所有者权益总计	177 W

该方案中，紧急采购 1R3 花费现金 2 W，其中 1 W 为原材料成本，1 W 计入其他项目，同时缴纳 2 W 违约金，年终净利润为 26 W。

4. 经营方案四

在第二季度租小厂房，建两条 P1 手工线，一条 P2 手工线，并且在第二季度紧急采购原材料 1R3，完成所有订单共计 8P1/7P2/3P3。经营方案如表 3-29 至表 3-32 所示。

表 3-29　经营记录表

公司＿＿＿＿＿＿第三年经营

执行完每一项操作，CEO 在相应的方格内打钩，财务总监填写相应现金流，生产(物流)总监填写相应产品(原材料)数。						
	手工操作流程	系统操作	手工记录			
年初	支付应付税	系统自动				
	支付长期贷款利息					
	更新长期贷款/长期贷款还款		−1 W			
	广告投放	输入广告费确认	−10 W			
	参加订货会/登记订单	选单环节				
	申请长期贷款	输入贷款数额并确认	+20 W			
▲1	季初盘点(请填余额)	当季开始	33 W	41 W	32 W	54 W
2	更新短期贷款/短期贷款还本付息	系统自动		−30 W		−30 W
	更新生产/产品完工/生产线完工/转产完工		2/2/0/0	1/1/1/0	2/2/1/0	3/2/1/0

（续表）

	手工操作流程	系统操作	手工记录			
3	申请短期贷款	输入贷款数额并确认	+29 W	+29 W		
▲4	更新原材料订单/原材料入库	系统自动，需要确认金额	−9 W	−9 W	−8 W	−10 W
5	下达原材料订单	输入并确认	4/2/2/1	4/1/3/1	4/2/4/2	4/3/4/2
6	购置厂房	选择并确认，可租可买		−3 W		
7	新建生产线	选择并确认		−20 W		
8	在建生产线				−5 W	−5 W
9	生产线转产					
10	变卖生产线					
11	开始下一批生产		−5 W (2/2/1/0)	−6 W (3/2/1/0)	−5 W (3/1/1/0)	−6 W (3/2/1/0)
▲12	更新应收款/应收款收现	系统自动，需要确认金额		+33 W	+41 W	
13	按订单交货	选择交货订单确认	(1)(2)		(3)	+35 W (4)(5)(6)
14	产品研发投资	选择并确认				
15	厂房处理（买转租/退租/租转买）	买转租自动转四期应收账款				
▲16	当季结束（支付管理费/租金/产品生产资格换证/缴纳违约订单罚款）	确认后自动扣除相应费用，并自动检测产品研发情况	−1 W −6 W	−1 W	−1 W	−1 W
17	紧急采购	可以随时进行项目		−2 W (1R3)		
18	出售库存					
19	厂房贴现					
20	应收款贴现					
21	间谍					
22	季末收入合计		29 W	62 W	41 W	35 W
23	季末支出合计		21 W	71 W	19 W	52 W
24	季末数额对账[(1)+(22)−(23)]		41 W	32 W	54 W	37 W
年末	市场开拓	选择并确认				−2 W
	ISO资格投资	选择并确认				
	缴纳违约订单罚款	系统自动				
	支付设备维护费					−11 W
	计提折旧	系统自动（生产线净值）				(9)
	结账					24 W

注：▲为操作节点，确认后该步骤之前的步骤都不允许操作。

表 3-30　综合费用表

项　目	金额
管理费	4 W
广告费	10 W
设备维护费	11 W
转产费	0 W
租金	9 W
市场准入开拓费	2 W
产品研发费	0 W
ISO 认证费	0 W
信息费	0 W
其他	1 W
合计	37 W

表 3-31　利润表

项　目	金额
销售收入	131 W
直接成本	49 W
毛利	82 W
综合费用	37 W
折旧前利润	45 W
折旧	9 W
支付利息前利润	36 W
财务费用	3 W
税前利润	33 W
企业所得税	3 W
净利润	30 W

表 3-32　资产负债表

项目	金额	项目	金额
现金	24 W	长期负债	44 W
应收账款	69 W	短期负债	58 W
在制品	20 W	特别贷款	0 W
产成品	0 W	应交税费	3 W
原材料	0 W	—	—
流动资产合计	113 W	负债合计	105 W
土地和建筑	0 W	股东资本	80 W
机器与设备	66 W	利润留存	−21 W
在建工程	15 W	年度净利	30 W
固定资产合计	81 W	所有者权益合计	89 W
资产总计	194 W	负债和所有者权益总计	194 W

采用该方案能完成所有的订单，年终净利润为 30 W。

5. 结论

综合以上四种方案，由于第三、第四种方案操作相对复杂，新接触 ERP 沙盘的学生可能没办法顺利完成，因此能够自主经营完成第二种方案就算决策合格。

第五节　任务书:第四年

一、第四年任务书

1. 任务描述

第四年是学生以任务书(见表3-33)形式完成沙盘运营的最后一年。这一年要求学生自主完成本年经营,经营情况以最后提交正确的年终报表为准,完成本年的经营后,可以进入电子沙盘的学习阶段。

表3-33　任务书④

序号	操作步骤
1	广告费15 W,拿到的订单如表3-34所示
2	把大厂房买回来
3	合理运营,完成本年报表

表3-34　订单

订单编号	产品与数量	销售额	交货期	账期
1	3P2	21 W	3季	0季
2	5P2	32 W	4季	2季
3	4P3	31 W	3季	4季
4	2P3	17 W	4季	3季
5	3P1	15 W	2季	1季
6	3P1	16 W	4季	1季
7	1P1	6 W	3季	0季
8	1P1	5 W	4季	2季

2. 任务目标

(1) 学习厂房租转买、买转租的操作方法。

(2) 学习财务预算的计算方法。

(3) 合理决策,准确完成年终报表。

二、第四年任务分析

因为上一年出现了四种不同的经营方案,所以这一年各个公司的经营思路也会稍有不同。如果公司是上一年没有新开手工线的第一/第二种经营方案,那么这一年的订单同样也会出现过多的情况;如果是上一年有新开手工线的第三/第四种经营方案,那么完成这一年的订单并不困难。

接下来就以上一年第二种经营方案为参考进行任务分析。在上一年没有新开手工线的情况下，公司现有的生产线如表 3-35 所示。

表 3-35　生产线情况

编号	生产线类型	在制产品	开产时间
1	柔性线	P2	第三年第四季度
2	全自动线	P1	第三年第四季度
3	手工线	P1	第三年第三季度
4	手工线	P1	第三年第三季度
5	全自动线	P3	第三年第四季度
6	全自动线	P2	马上建成

参照现有产能，公司今年能生产出来的产品数量大体是 8P1/7P2/4P3，而订单要求总计 8P1/8P2/6P3，因此公司必须在违约、紧急采购、新开生产线三种决策之间做取舍。围绕这三种决策方法，能产生以下两种类型的可行方案。

1. 经营方案一

新开租赁线，增加产能，完成订单。经营方案如表 3-36 所示。

表 3-36　经营记录表

公司_________第四年经营

执行完每一项操作，CEO 在相应的方格内打钩，财务总监填写相应现金流，生产（物流）总监填写相应产品（原材料）数。

	手工操作流程	系统操作	手工记录			
年初	支付应付税	系统自动	−1 W			
	支付长期贷款利息					
	更新长期贷款/长期贷款还款		−3 W			
	广告投放	输入广告费确认	−15 W			
	参加订货会/登记订单	选单环节				
	申请长期贷款	输入贷款数额并确认	+10 W			
▲1	季初盘点（请填余额）	当季开始	37 W	32 W	106 W	90 W
2	更新短期贷款/短期贷款还本付息	系统自动	−30 W	−30 W		
	更新生产/产品完工/生产线完工/转产完工		3/1/1/0	1/3/1/0	3/2/2/0	1/2/2/0
3	申请短期贷款	输入贷款数额并确认	+89 W	+29 W		
▲4	更新原材料订单/原材料入库	系统自动，需要确认金额	−13 W	−10 W	−10 W	

（续表）

	手工操作流程	系统操作	手工记录			
5	下达原材料订单	输入并确认	3/2/4/1	3/2/0/0	0/0/0/0	0/0/0/0
6	购置厂房	选择并确认，可租可买	−3 W			
7	新建生产线	选择并确认				
8	在建生产线					
9	生产线转产					
10	变卖生产线					
11	开始下一批生产		−7 W (3/3/1/0)	−5 W (1/2/2/0)	−5 W (1/2/2/0)	
▲12	更新应收款/应收款收现	系统自动，需要确认金额		+66 W		+16 W
13	按订单交货	选择交货订单确认	(5)	+27 W (1)(7)	(3)(6)	(2)(4)(8)
14	产品研发投资	选择并确认				
15	厂房处理（买转租/退租/租转买）	买转租自动转四期应收账款	−40 W			
▲16	当季结束（支付管理费/租金/产品生产资格换证/缴纳违约订单罚款）	确认后自动扣除相应费用，并自动检测产品研发情况	−1 W	−1 W	−1 W	−1 W
17	紧急采购	可以随时进行项目		−2 W (1R3)		
18	出售库存					
19	厂房贴现					
20	应收款贴现					
21	间谍					
22	季末收入合计		89 W	122 W	0 W	16 W
23	季末支出合计		94 W	48 W	16 W	1 W
24	季末数额对账[(1)+(22)−(23)]		32 W	106 W	90 W	105 W
年末	市场开拓	选择并确认				−1 W
	ISO 资格投资	选择并确认				
	缴纳违约订单罚款	系统自动				
	支付设备维护费					−16 W
	计提折旧	系统自动（生产线净值）				(12)
	结账					88 W

注：▲为操作节点，确认后该步骤之前的步骤都不允许操作。

第一季度租一个小厂房，开一条租赁线，第二季度紧急采购 1 个 R3，柔性线转产做 P3，可以完成所有订单。需要注意的是，按照任务书要求今年要把大厂房买回来，大厂房是第一年第一季度租用的，今年第一季度在续租之前可以通过“租转买”操作将厂房买回，若是过了第一季度，厂房也是可以买回的，但是第一季度结束的时候已经自动支付了租金，今年再租转买已经没有意义。该方案完成后年终报表如表3-37至表3-39所示。

表3-37 综合费用表

项目	金额
管理费	4 W
广告费	15 W
设备维护费	16 W
转产费	0 W
租金	3 W
市场准入开拓费	1 W
产品研发费	0 W
ISO认证费	0 W
信息费	0 W
其他	1 W
合计	40 W

表3-38 利润表

项目	金额
销售收入	143 W
直接成本	64 W
毛利	79 W
综合费用	40 W
折旧前利润	39 W
折旧	12 W
支付利息前利润	27 W
财务费用	5 W
税前利润	22 W
企业所得税	6 W
净利润	16 W

表3-39 资产负债表

项目	金额	项目	金额
现金	88 W	长期负债	44 W
应收账款	85 W	短期负债	118 W
在制品	0 W	特别贷款	0 W
产成品	0 W	应交税费	6 W
原材料	0 W	—	—
流动资产合计	173 W	负债合计	168 W
土地和建筑	40 W	股东资本	80 W
机器与设备	54 W	利润留存	3 W
在建工程	0 W	年度净利	16 W
固定资产合计	94 W	所有者权益合计	99 W
资产总计	267 W	负债和所有者权益总计	267 W

2. 经营方案二

不开新生产线，通过紧急采购原材料和生产线转产的方法，违约较便宜的订单，完成本年经营，具体方案如表 3-40 所示。

表 3-40　经营记录表

公司＿＿＿＿＿第四年经营

执行完每一项操作，CEO 在相应的方格内打钩，财务总监填写相应现金流，生产(物流)总监填写相应产品(原材料)数。

	手工操作流程	系统操作	手工记录			
年初	支付应付税	系统自动	−1 W			
	支付长期贷款利息					
	更新长期贷款/长期贷款还款		−3 W			
	广告投放	输入广告费确认	−15 W			
	参加订货会/登记订单	选单环节				
	申请长期贷款	输入贷款数额并确认	+10 W			
▲1	季初盘点(请填余额)	当季开始	37 W	37 W	107 W	94 W
2	更新短期贷款/短期贷款还本付息	系统自动	−30 W	−30 W		
	更新生产/产品完工/生产线完工/转产完工		3/1/1/0	1/2/1/0	1/2/2/0	1/2/2/0
3	申请短期贷款	输入贷款数额并确认	+89 W	+29 W		
▲4	更新原材料订单/原材料入库	系统自动，需要确认金额	−13 W	−8 W	−8 W	
5	下达原材料订单	输入并确认	1/2/3/1	3/1/0/0	0/0/0/0	0/0/0/0
6	购置厂房	选择并确认，可租可买				
7	新建生产线	选择并确认				
8	在建生产线					
9	生产线转产					
10	变卖生产线					
11	开始下一批生产		−5 W (1/3/1/0)	−5 W (1/2/2/0)	−4 W (1/1/2/0)	
▲12	更新应收款/应收款收现	系统自动，需要确认金额		+66 W		
13	按订单交货	选择交货订单确认	(5)	+21 W (1)	+6 W (3)(7)	(2)(4)(6)
14	产品研发投资	选择并确认				
15	厂房处理(买转租/退租/租转买)	买转租自动转四期应收账款	−40 W			

（续表）

	手工操作流程	系统操作	手工记录			
▲16	当季结束（支付管理费/租金/产品生产资格换证/缴纳违约订单罚款）	确认后自动扣除相应费用，并自动检测产品研发情况	−1 W	−1 W	−1 W	−1 W
17	紧急采购	可以随时进行项目		−2 W（1R3）	−6 W（1P1）	−9 W（1P2）
18	出售库存					
19	厂房贴现					
20	应收款贴现					
21	间谍					
22	季末收入合计		89 W	116 W	6 W	0 W
23	季末支出合计		89 W	46 W	19 W	10 W
24	季末数额对账[(1)+(22)−(23)]		37 W	107 W	94 W	84 W
年末	市场开拓	选择并确认				−1 W
	ISO 资格投资	选择并确认				
	缴纳违约订单罚款	系统自动				−1 W（8）
	支付设备维护费	系统自动				−10 W
	计提折旧	系统自动（生产线净值）				（12）
	结账					72 W

注：▲为操作节点，确认后该步骤之前的步骤都不允许操作。

第一季度一条手工线转产做 P2，另一条手工线停产一个季度，第二季度紧急采购 1 个 R2，另一条手工线做 P2，柔性线做开始 P3，第三季度紧急采购 1 个 P1，第四季度紧急采购 1 个 P2，违约(8)号订单。这里要注意的是(7)号订单，因为是 0 账期订单并且 1 个 P1 价值 6 万，紧急采购 1 个 P1 然后交单不会产生亏损，直接违约的话会产生 1 W 的亏损，因此这里紧急采购 1 个 P1 是比较正确的决策。年终报表如表 3-41 至表 3-43 所示。

表 3-41　综合费用表

项目	金额
管理费	4 W
广告费	15 W
设备维护费	10 W
转产费	0 W
租金	0 W
市场准入开拓费	1 W
产品研发费	0 W
ISO 认证费	0 W
信息费	0 W
其他	12 W
合计	42 W

表 3-42　利润表

项目	金额
销售收入	138 W
直接成本	62 W
毛利	76 W
综合费用	42 W
折旧前利润	34 W
折旧	12 W
支付利息前利润	22 W
财务费用	5 W
税前利润	17 W
企业所得税	4 W
净利润	13 W

表 3-43　资产负债表

项目	金额	项目	金额
现金	72 W	长期负债	44 W
应收账款	96 W	短期负债	118 W
在制品	0 W	特别贷款	0 W
产成品	0 W	应交税费	4 W
原材料	0 W	—	—
流动资产合计	168 W	负债合计	166 W
土地和建筑	40 W	股东资本	80 W
机器与设备	54 W	利润留存	3 W
在建工程	0 W	年度净利	13 W
固定资产合计	94 W	所有者权益合计	96 W
资产总计	262 W	负债和所有者权益总计	262 W

第六节　手工沙盘总结

一、认知经营（第一、第二年）

第一年是企业至关重要的开局之年，一个好的开局会让企业在竞争中取得极大的优势。思考以下问题，总结经验，看看能否对以后的经营有所启发。

1. 产品研发与市场开拓

“怎么开拓市场？怎么才能销售更多产品？”是困扰每一家企业的问题。我们在思索这些问题时需要考虑以下因素：

（1）哪个市场产品价格较高，毛利较高？

（2）哪种产品市场需求比较旺盛？

（3）哪个市场的产品价格较高？

（4）哪个市场的需求比较旺盛？

2. 设备投资与改造

制造型企业需要生产产品才能以此为基础展开其他的商务活动。生产产品的效率取决于企业拥有的生产设备。设备投资与改造是提高产能，保障企业持续发展的重要战略。企业需要从顶层进行全面考虑，根据市场分析合理规划企业的生产扩张节奏。企业在进行设备投资时需要考虑以下因素：

（1）市场上对各种产品的需求状况。

（2）企业目前已拥有的产能。

（3）新产品的研发时间。

（4）设备上线的时间以及和原材料的搭配。

3. 采购计划

编制好一个完整、正确且高效的采购计划，需要回答好三个问题：采购什么？采购多少？何时采购？

（1）采购计划的制定与生产的物料需求计划有关。根据生产计划，减去原材料库存，就可以知道企业为了满足生产还需要哪些物料，然后根据原材料订购提前期，来合理制定采购计划。

（2）明确了采购什么材料，还要计算出采购多少。采购少了不够生产，企业可能面临违约风险；采购多了占用现金流，可能面临断流风险。因此订购恰当数量的原材料是至关重要的一环。

（3）要达到“既不出现原材料短缺，又不出现库存积压”的科学管理境界，就要考虑采购提前期对采购活动的影响。

二、理性经营（第三、第四年）

1. 销售计划

经过前两年的实践，我们会发现企业的主要盈利来源就是销售。因此，销售业绩的好坏直接决定了我们的经营成绩。要尽量使销售利润最大，必须制订良好的有弹性的销售计划。一个好的销售计划，一定是符合销售组织自身特点、适用于本组织发展现状的计划。脱离实际情况的、过于宏观的销售计划会对实际的销售活动失去指导意义。一个好的销售计划同时也是一个全员参与的计划，是被组织上下以及客户认可的计划，这样，在日常的经营中才能得到各部门的支持。

简明的销售计划至少应说明：企业将生产什么产品；生产多少；通过什么渠道销售；计划在什么地区销售；各产品线、地区比例如何；是否考虑促销活动。

正确制订销售计划的前提是收集必要信息，并做出相关分析，包括：产品市场信息、企业自身的产能、竞争对手的情况等。

在争取客户订单前，企业应以自身产能、设备投资计划等为依据，避免接单不足，生产设备闲置；又要避免盲目接单，无法按时交货，引起企业信誉降低。

2. 生产计划

制造型企业的生产计划，是连通企业的上游和下游的重要环节。企业需要思考以下问题：

（1）生产什么产品，生产多少个？

（2）何时开始生产？

（3）使用哪条生产线生产？

（4）产能是多少，有没有弹性？

生产总监除了安排好生产工作，还需要向财务总监、采购总监和销售总监提供相关信息。

3. 融资方案

ERP 沙盘中，企业收入的来源只有销售一项，其他的活动基本上都要消耗资金。因此，大部分企业都会向银行贷款来缓解资金压力。企业在贷款时需要思考以下问题：

（1）现金是否够用，每个季度要消耗多少，每个季度初能有多少剩余？

（2）要研发新产品吗，需要多少钱，这项工作能否依靠贷款来解决？

（3）要投资新生产线吗，需要多少钱，这项工作能否依靠贷款来解决？

（4）这两年会有还款压力吗？

4. 资金计划

各项成本费用的支付需要资金，各项投资需要资金，到期还款需要资金，如果没有一个准确详尽的资金预测，很快财务总监就会焦头烂额、顾此失彼。因此，每年初做现金预测是非常有必要的，它可以使财务总监运筹帷幄，游刃有余。

财务总监要对企业的资金使用有一个长远的规划，不能仅仅盯着眼前的开销，需要思考融资方案，考虑以下问题：

（1）如何分配长短贷比例？

（2）应收账款贴现多少比较合适，拿哪些应收账款来贴现？

（3）什么时候有还款压力？

（4）当季、当年预计的支付/收入各有多少？

5. 市场预测

商业情报有助于提升企业的营业能力，是强化和改变企业发展战略的重要基础。谁掌握了情报，谁就能在激烈的市场上取得主动地位，从而赢得时间、市场和利润。

目前，企业能得到的商业情报主要是专业的市场调研机构提供的市场预测情况。调研机构会从产品的均价、市场需求量和市场订单数量等方面给出详细的市场预测信息。所以每一家企业的销售总监都应该根据市场预测图进行详细研究、分析和讨论，为企业的经营决策做好准备。

三、科学管理（第五、第六年）

1. 企业战略

企业要在激烈的竞争中实现可持续发展，必须制定合理的战略，在有限的资源下创造最大的利润。企业在制定战略目标时，需要结合 SWOT 分析，着重分析以下内容：

（1）分析企业的内部优势和劣势。既可以是相对目标而言的，也可以是相对竞争对手而言的。

（2）分析企业目前面临的外部机会与威胁。可能来自与竞争无关的外部环境因素的变化，也可能来自与竞争对手力量因素的变化，或者两者兼而有之，但关键性的外部机会与威胁因素应该予以确认。

（3）将外部机会和威胁与企业内部优势和劣势进行匹配，形成可行的战略，制定行动计划。

2. 广告投入产出比

在后面的经营年度中，绝大多数身处 P 行业的企业都已经开拓了多个市场，新型的产品也已经研发完成了。各企业已经没有必要在一个市场上争个“你死我活”了。在竞争已经被分散的情况下，企业广告需要投放得合理，广告投入要追求“效益”，避免盲目推高个别市场广告费。成为“标王”是一种盲目的行为，可阅读“秦池”标王的相关新闻。

推荐策略：

(1) 市场竞争分散。例如，出1W广告费就能取得订单，那么企业可以在每个想要拿订单的产品市场上投入1W广告费就好，争取每1W拿回一个订单。

(2) 如果我们企业是一个市场的“市场老大”，那么应该尽量保住“市场老大”的优势地位。这样我们在该地区选单的时候就会有明显的优势，并在这个地方集中选取订单。

(3) 本地市场的P2产品竞争特别激烈，那么我们可以选择回避，试探性地投入1W广告费，能拿到订单就拿，不行就算了。

3. 流程管理

企业要增加利润必须考虑“开源”和“节流”。

(1) 预估我们的盈利——“开源”。“开源”的关键是抓好主线销售：通过销售计划确定我们的销售方向，在选择订单的时候尽量按照既定方向进行。同时，搞好产能扩张规划，尽可能地快速扩展企业的产能。

(2) 预估我们的支出——“节流”。支出的项目包括以下几个方面：①广告费——提高广告产出比；②税收——合理避税；③贷款利息——能短期贷款不长期贷款，能贷款不贴现；④生产投入——按需生产，防止多余库存；⑤采购投入——按需采购，防止原材料积压；⑥生产线建设维护——提高单线产能，减少维护成本；⑦研发投资——循序渐进。

四、经营记录表

本教材附有6年的手工沙盘经营记录表空表，供学生在模拟企业经营实训中使用，具体见附录一。

另：本教材附录三为第二套手工沙盘，有一定难度，学校可以根据本校实际课程课时安排选择是否讲解，也可让学生在课后自行练习。

第四章

电子沙盘运营

学习目标

◎ 理解并记住电子沙盘的各项规则
◎ 完整把握电子沙盘模拟企业经营实训的操作流程
◎ 按照各自扮演的角色完成企业的运营

第一节　认识电子沙盘系统

一、注册和登录

学生分组以后，按照指导教师提供的网址，首次打开创业者主页面会弹出如图 4-1 所示的注册界面。学生根据教师分配的账号进行登录，初始密码为 1，学生登录以后可以对初始密码进行修改。其他信息按照要求填写即可。

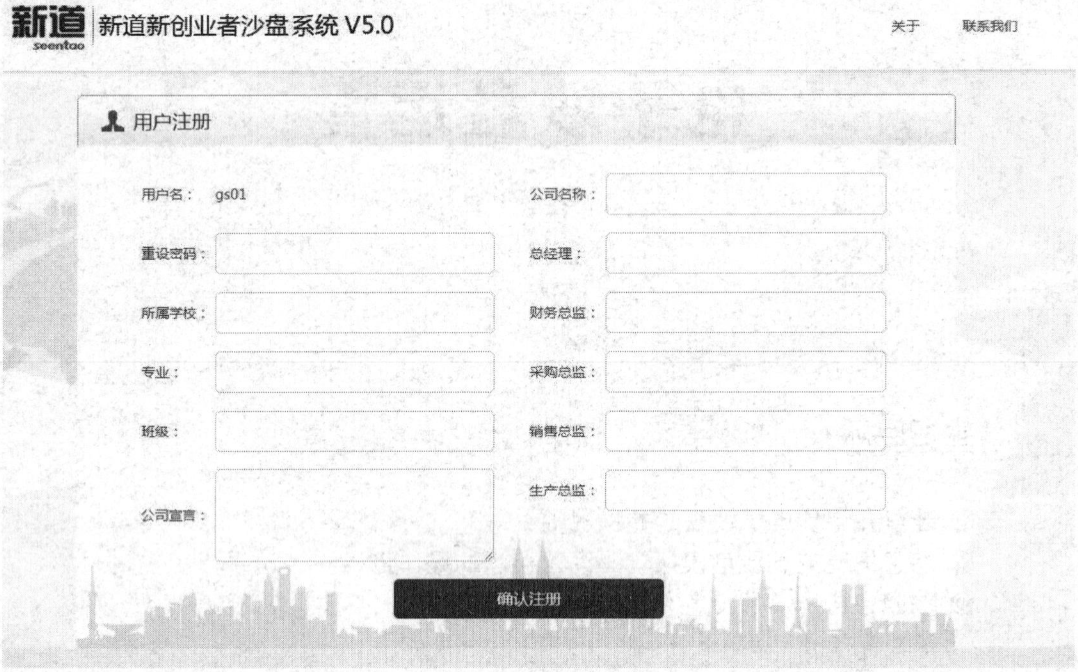

图 4-1　新创业者注册界面

二、操作界面

学生注册成功以后，即打开如图 4-2 所示的操作主界面，以后每次登录也会出现这个主界面。主界面主要包括如下几个功能区域：生产中心（中间）、财务信息（右上）、研发认证信息（右中）、库存采购信息（右下）和操作区（下）。

三、生产中心

企业生产中心布局如图 4-3 所示，生产中心拥有 4 块厂房空地，企业可在厂房内建设生产线，在建/建成的生产线都会显示在对应的厂房中。

将鼠标放置在大厂房标识上静止不动，即可显示大厂房的详细信息，如图 4-4 所示，包

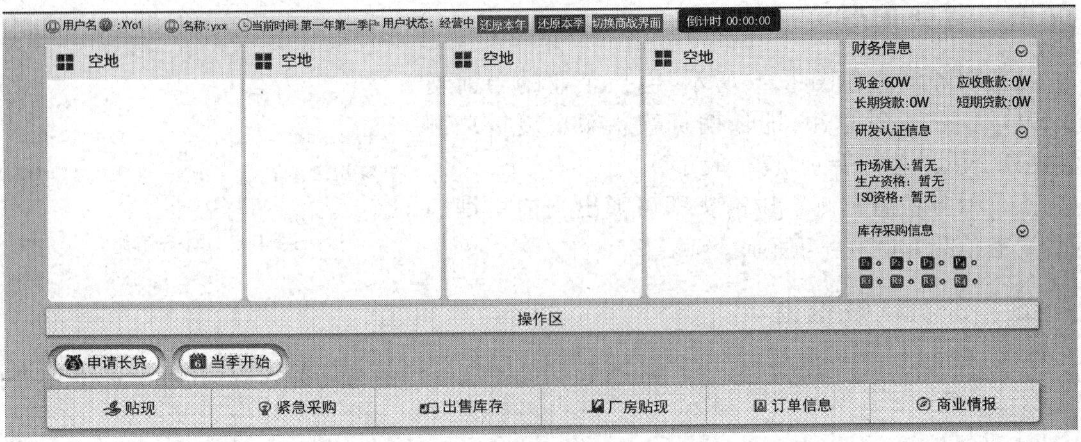

图 4-2　新创业者操作主界面

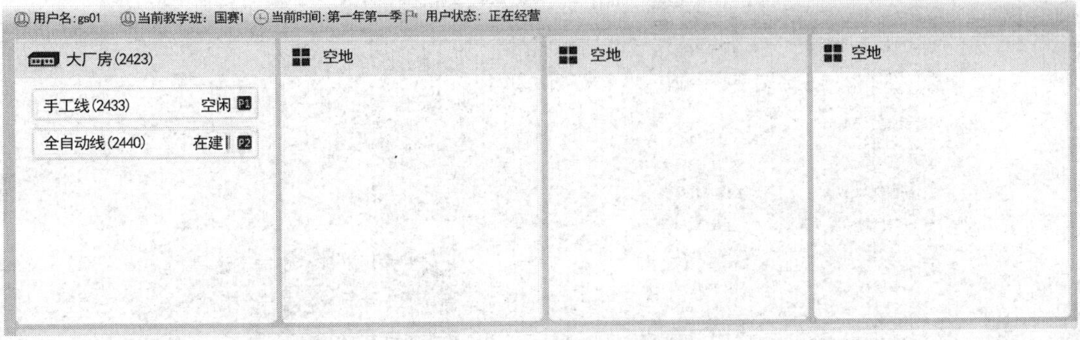

图 4-3　生产中心

括厂房的性质(租赁/购买)、置办时间、总容量、剩余容量、买入价格、出售价格等。

将鼠标放置在生产线标识上静止不动,即可显示该条生产线的详细信息,如图 4-5 所示,包括生产线的生产产品、开建时间、累计投资额、净值、状态等。

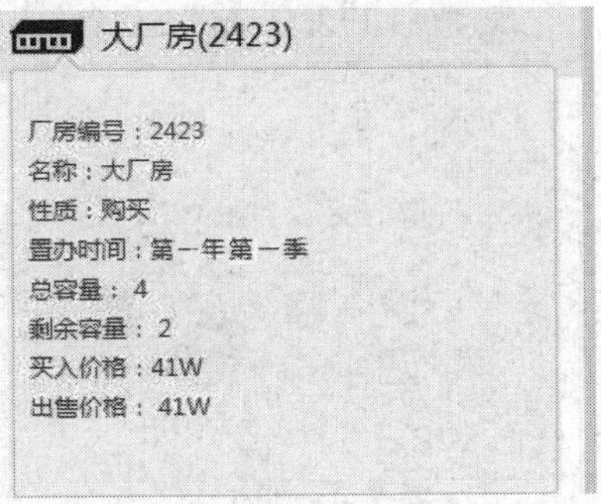

图 4-4　厂房详细信息

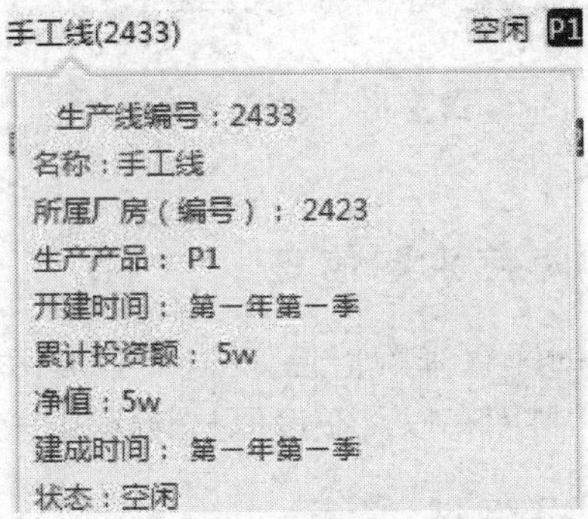

图 4-5　生产线详细信息

四、财务信息

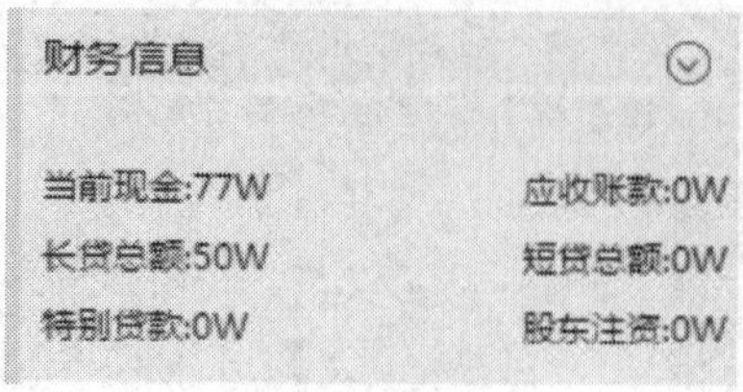

图 4-6　财务信息

企业财务信息如图 4-6 所示，包括企业的当前现金、应收账款、长贷总额（即长期贷款总额）、短贷总额（即短期贷款总额）、特别贷款、股东注资。

点击财务信息右侧下拉箭头即可弹出当前详细的综合财务信息，如图 4-7 所示。

五、研发认证信息

企业的研发认证信息如图 4-8 所示，包括企业已获得的市场准入资格、生产资格和 ISO 认证资格。

点击研发认证信息右侧下拉箭头即可弹出显示研发认证的详细信息，如图 4-9 所示。

图 4-7　综合财务信息

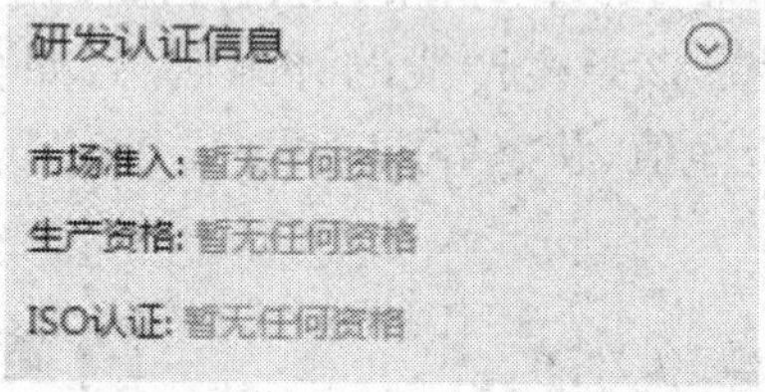

图 4-8　研发认证信息

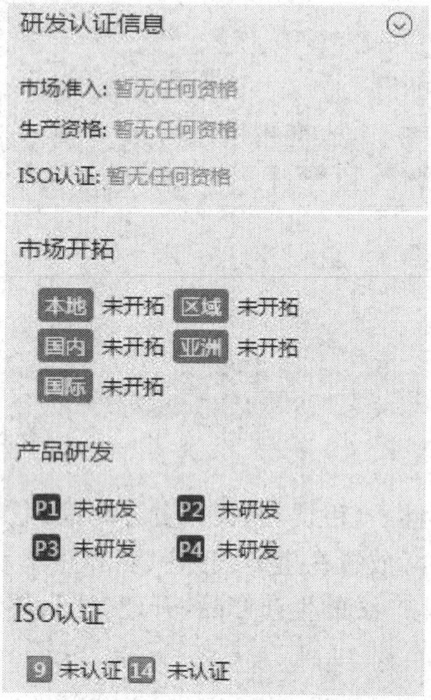

图 4-9　研发认证详细信息

六、库存采购信息

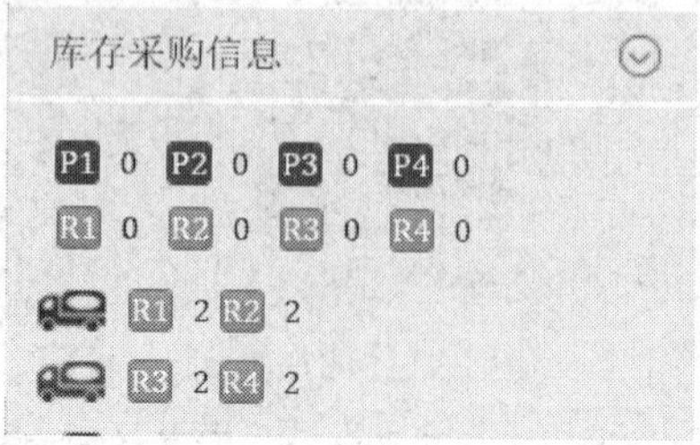

图 4-10　库存采购信息

企业的库存采购信息如图 4-10 所示，包括产成品库存、原材料库存以及在途原材料运单信息。

七、操作区

企业操作区如图 4-11 所示，包括企业当前可以进行的企业经营相关操作。

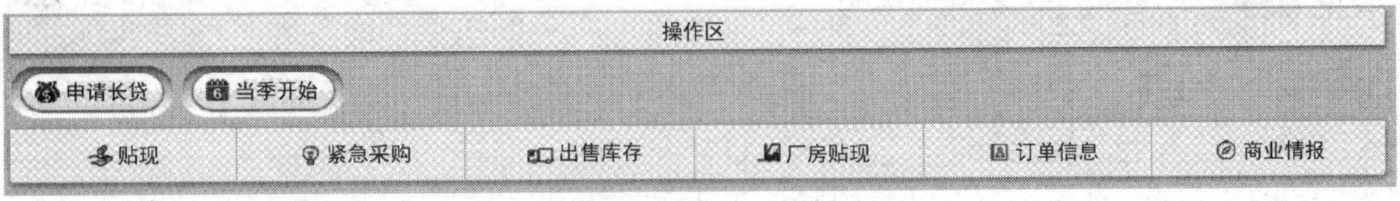

图 4-11 操作区

操作区的中间部分为当前时间可进行操作的选项，如图 4-12 所示，每点击选项中最后一项自动进入下一阶段，不可后退。

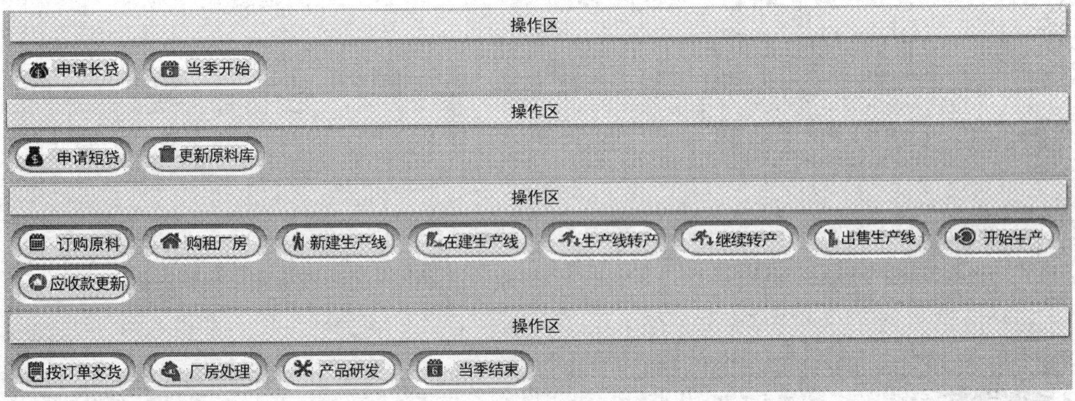

图 4-12 当前时间可进行的操作

操作区的最下方一行为企业可随时进行操作的选项，如图 4-13 所示，包括贴现、紧急采购、出售库存、厂房贴现、订单信息和商业情报。

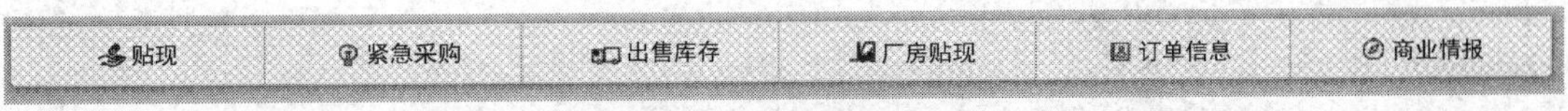

图 4-13 可随时进行的操作

八、说明导航界面

说明导航界面在主界面最上方（见图 4-14），主要显示：公告信息、规则说明、市场预测和新手指南。

图 4-14 说明导航界面

“公告信息”主要用于接受教师端发布的公告信息，如图 4-15 所示。

“经营规则说明”主要用于查看本次比赛的各项规则的具体参数，如图 4-16 所示。每次比赛规则参数都可以调整，需要仔细核对，谨防出错。

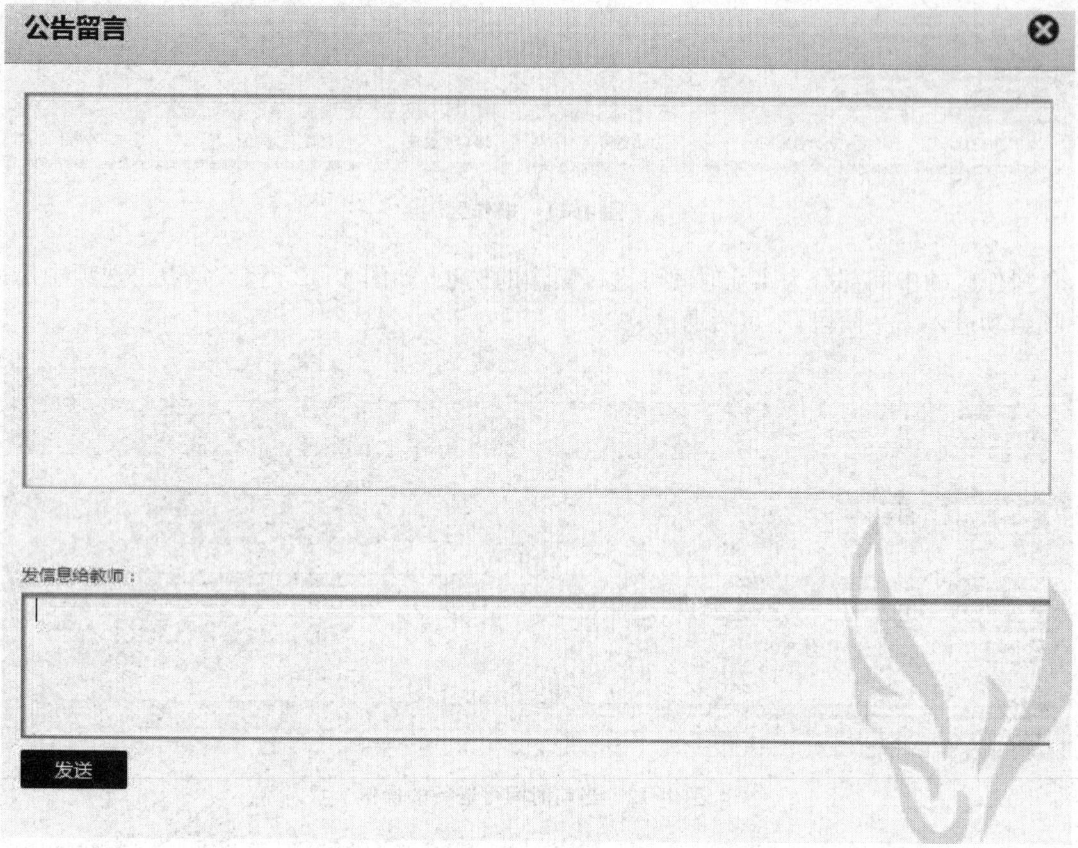

图 4-15　公告信息

经营规则说明

一、生产线

名称	投资总额	每季投资额	安装周期	生产周期	总转产费用	转产周期	维修费	残值	折旧费	折旧时间	分值
手工线	5W	5W	0季	2季	0W	0季	1W/年	1W	1W	5年	0
全自动线	14W	7W	2季	1季	2W	1季	2W/年	2W	3W	5年	0
柔性线	18W	6W	3季	1季	0W	0季	2W/年	2W	4W	5年	0
租赁线	0W	0W	0季	1季	2W	1季	8W/年	-8W	0W	0年	0

*安装周期为0,表示即买即用。
*计算投资总额时,若安装周期为0,则按1算。
*不论何时出售生产线,价格为残值,则将净值与残值之差计入损失。
*只有空生产线方可转产。

图 4-16　经营规则说明

“市场预测”主要用于查看本次比赛的市场情况，包括产品均价、需求量和订单数量，如图4-17所示。企业需要根据市场预测情况，制定经营策略，只有这样才能在开局时赢得竞争优势。

市场预测

市场预测表——均价							
序号	年份	产品	本地	区域	国内	亚洲	国际
1	第二年	P1	5.25	5.13	5.56	0	0
2	第二年	P2	7.19	7.16	7.20	0	0
3	第二年	P3	8.56	8.34	8.51	0	0
4	第二年	P4	10.11	0	10.50	0	0
5	第三年	P1	5.14	0	5.22	5.07	0
6	第三年	P2	7.44	7.40	7.56	7.43	0
7	第三年	P3	0	8.29	8.57	8.51	0
8	第三年	P4	0	10.50	10.41	10.47	0
9	第四年	P1	0	5.00	5.02	5.07	0
10	第四年	P2	7.31	0	7.30	7.47	7.44
11	第四年	P3	8.48	8.31	8.54	8.55	8.38

图 4-17　市场预测

“新手指南”主要用于查看新手指南的详细信息，如果有操作上的疑问可以进行参考，如图 4-18 所示。

图 4-18　新手指南

第二节　电子沙盘运营流程

一、电子沙盘经营记录表

对照电子沙盘经营记录表来了解电子沙盘操作任务与手工沙盘的区别，如表4-1所示。

表4-1　经营记录表

公司________第一年经营

执行完每一项操作，CEO在相应的方格内打钩，财务总监填写相应现金流，生产（物流）总监填写相应产品（原材料）数。						
	手工操作流程	系统操作	手工记录			
年初	支付应付税	系统自动				
	支付长期贷款利息					
	更新长期贷款/长期贷款还款					
	广告投放	输入广告费确认				
	参加订货会/登记订单	选单环节				
	申请长期贷款	输入贷款数额并确认				
▲1	季初盘点（请填余额）	当季开始				
2	更新短期贷款/短期贷款还本付息	系统自动				
	更新生产/产品完工/生产线完工/转产完工					
3	申请短期贷款	输入贷款数额并确认				
▲4	更新原材料订单/原材料入库	系统自动，需要确认金额				
5	下达原材料订单	输入并确认				
6	购置厂房	选择并确认，可租可买				
7	新建生产线	选择并确认				
8	在建生产线					
9	生产线转产					
10	变卖生产线					
11	开始下一批生产					
▲12	更新应收款/应收款收现	系统自动，需要确认金额				

（续表）

	手工操作流程	系统操作	手工记录			
13	按订单交货	选择交货订单确认				
14	产品研发投资	选择并确认				
15	厂房处理(买转租/退租/租转买)	买转租自动转四期应收账款				
▲16	当季结束(支付管理费/租金/产品生产资格换证)	确认后自动扣除相应费用,并自动检测产品研发情况				
17	紧急采购	可以随时进行项目				
18	出售库存					
19	厂房贴现					
20	应收款贴现					
21	间谍					
22	季末收入合计					
23	季末支出合计					
24	季末数额对账[(1)+(22)−(23)]					
年末	市场开拓	选择并确认				
	ISO资格投资	选择并确认				
	缴纳违约订单罚款	系统自动				
	支付设备维护费					
	新市场/ISO资格换证					
	计提折旧	系统自动(生产线净值)				（　）
	结账					

注:▲为操作节点,确认后该步骤之前的步骤都不允许操作。

总体来说,电子沙盘的操作任务包括年初工作、年中工作、年末工作和可随时进行的操作。

二、电子沙盘运营流程说明

1. 年度运营流程

新道创业者电子沙盘一般经营4～6个年度,每个年度分设4个季度运行,全年总体运营流程如图4-19所示。

2. 年初运营流程

企业运营的年初阶段包括年度规划会议、投放广告、支付广告费、支付企业所得税、参加订货会和长期贷款,如图4-20所示。

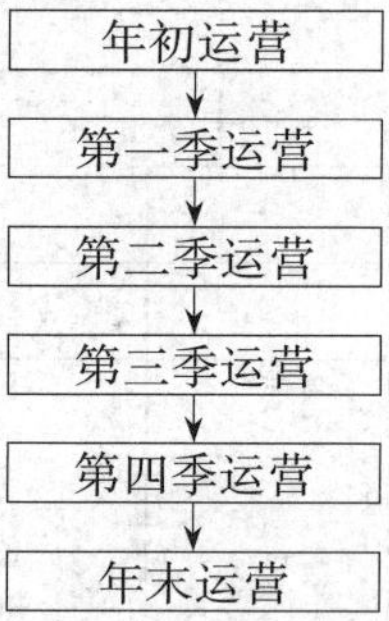

图 4-19　年度总运营流程

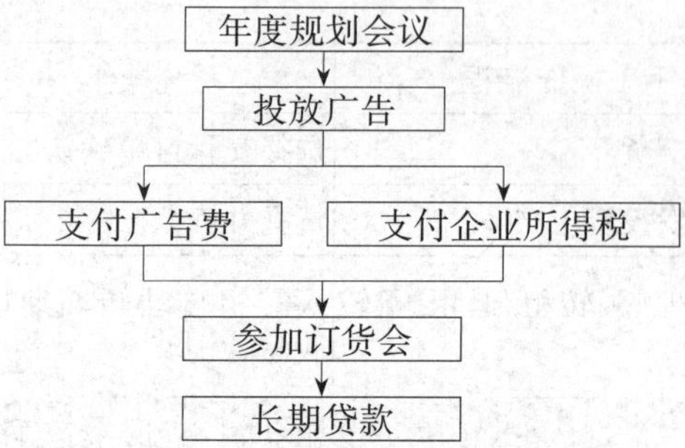

图 4-20　年初运营流程

3. 每季运营流程

每季度企业可以操作的业务如图 4-21 所示，需要注意的是季度工作分为三个阶段进行。每个阶段最后一项完成代表该阶段结束，且结束后不能返回。

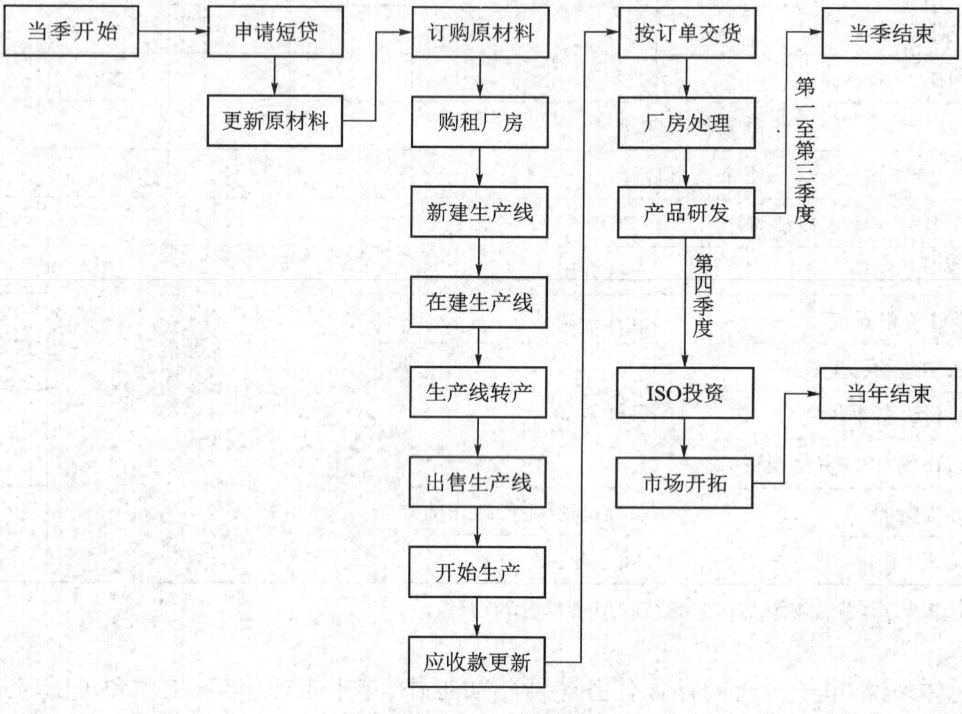

图 4-21　每季运营流程

4. 年末运营流程

年末运营主要包括填写 3 张报表，如图 4-22 所示。

三、年初工作

1. 投放广告

除了第一年没有订单以外，每年初的第一项操作任务就是投放广告，点击“投放广告”按钮，按照要求操作，会依次弹出如图 4-23 的两个界面。

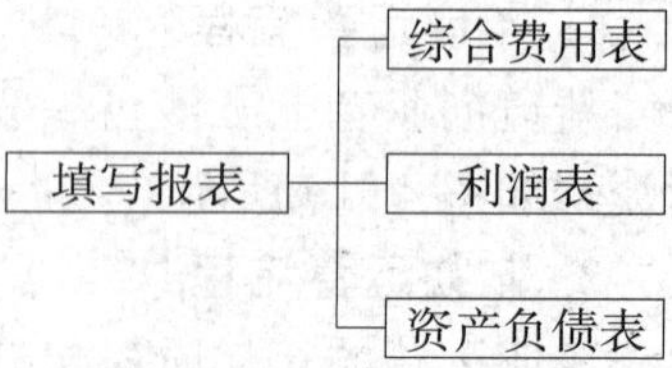

图 4-22　年末运营流程

图 4-23　广告投放界面

可以看出，在投放广告的时候，系统自动完成了支付企业所得税、支付利息、更新长期贷款和长期贷款还款等操作。因此在投放广告时，还需预先准备好相关资金，否则会因为资金不足而无法投放广告。

其余相关广告投放规则与手工沙盘相同。

2. 参加订货会

点击操作区“参加订货会”按钮进入选单界面，如图 4-24 所示。

在选单界面的左边显示的是参加订货会的组别、产品广告额、市场广告额与上年度该市场销售额等信息。右边显示的是可供选择的订单信息，包括订单的编号、总价、单价、数量、交货期 、账期和 ISO 认证要求。

按照选单顺序，当左边企业信息中自己的企业行变为红色，则轮到自己企业进行选单，点击右侧的订单信息中操作列出现的红色“选单”按钮，就可以选中企业想要的订单。

企业在选择订单时，要注意以下内容：

(1) 选单规则与手工沙盘一致。若系统设置为有“市场老大”，则“市场老大”可以在投

图 4-24　选单界面

放广告后优先进行选单；若系统设置没有“市场老大”，则按照各企业的单市场单产品广告额、市场广告额、上年度销售额进行排序，各企业按照顺序依次选单，选完为止。

（2）各组选单时允许的决策时间可在运营规则中查看。一般系统默认为 45 秒，第一个选单的企业有一定的选单补时时间，系统默认为 25 秒。如果选单超时，则代表企业放弃选单机会，自动跳转下一家企业进行选单。

（3）各企业在选单的时候可以随时退出选单界面，查看其他组广告额、自己企业已选择的订单信息等，来辅助选单决策，然后点击“参加订货会”按钮回到选单界面。

3. 申请长期贷款

选单结束后正式经营的第一项工作是申请长期贷款，操作界面如图 4-25 所示。

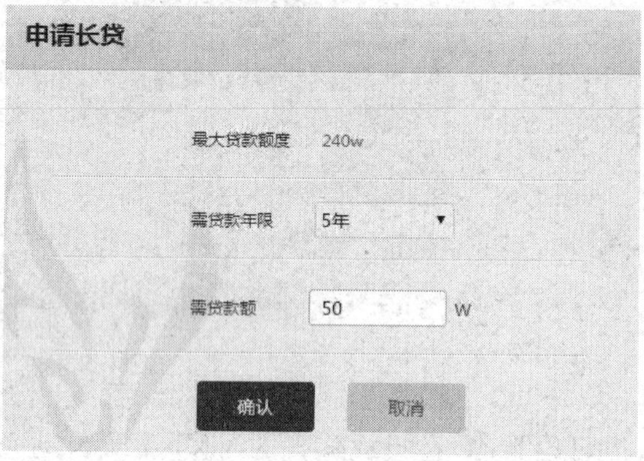

图 4-25　申请长贷界面

系统会根据企业上一年的所有者权益和负债情况，按照规则规定的倍数自动计算出最大贷款额度。企业在贷款的时候只需要填写需要贷款的年限和贷款的款额两项即可。

企业在申请长期贷款时，需要注意以下问题：

（1）长期贷款可以多次申请。

（2）申请长期贷款时需要选择长期贷款年限。

（3）申请长期贷款为年初工作，一定要在“当季开始”前完成。

四、每季度工作

1. 当季开始

年初工作完成以后，就可以点击“当季开始”按钮，弹出界面如图 4-26 所示。

系统会询问是否进行当季开始，点击“确认”按钮后完成操作。系统会自动完成短期贷款的还本付息/更新短期贷款、更新生产/完工入库、生产线完工/转产完工等操作。

当季开始的注意事项如下：

(1) 在点击“当季开始”按钮之前请仔细检查、核对年初工作如申请长贷是否完成，否则季度工作开始后无法回到年初阶段。

(2) 需要足够的现金对短贷进行还本付息才能进行当季开始，否则会提示现金不足。

图 4-26　当季开始界面

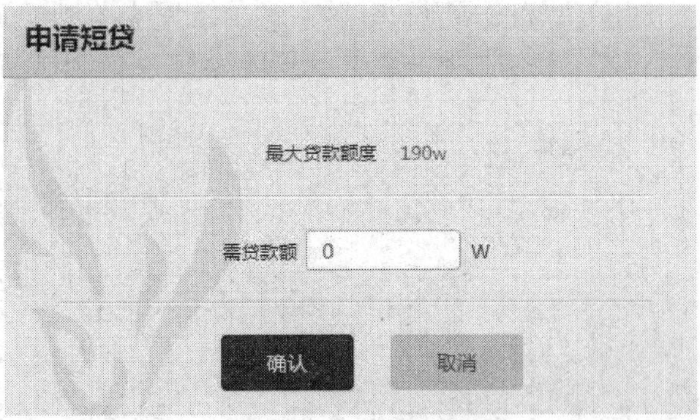

图 4-27　申请短贷界面

2. 申请短贷

申请短贷是企业融资中非常重要的工作，操作界面如图 4-27 所示。

与申请长贷相同，系统会自动计算出最大贷款额度，企业只需要填写需贷额度即可。

申请短贷的注意事项如下：

(1) 与长期贷款可重复操作不同，短期贷款每季度只能申请一次，每个季度点击完成后，按钮就会消失，不可重复操作。

(2) 短期贷款的还款周期为 1 年，到期一次性还本付息。

3. 更新原料

系统会自动根据前面季度的原料(即原材料)订单情况计算出更新原料需要支付的现金，企业只能选择“确认”按钮。系统会自动扣除现金，如图 4-28 所示。

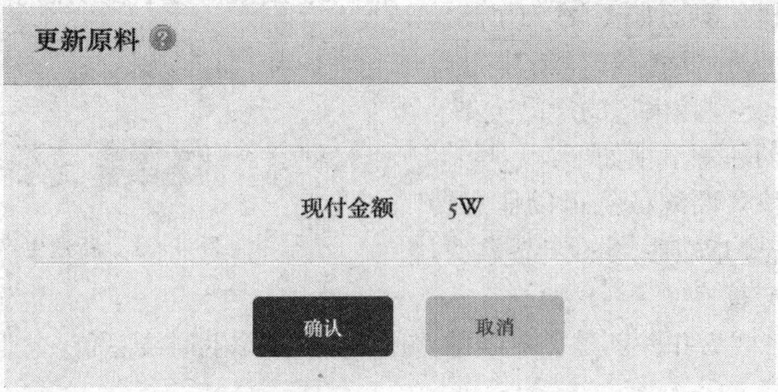

图 4-28　更新原料

更新原料的注意事项如下：

（1）更新原料为第一阶段的关键步骤，操作完成后不能再申请短贷。

（2）在确认更新之前，要确保企业账面现金能够支付原料费用，否则系统会无法操作。

4. 订购原料

订购原料的界面如图 4-29 所示。企业在操作时要根据生产线的生产需要，填写 4 种原料的订购量。

订购原料的注意事项如下：

（1）原料一旦确认订购，到了入库季节则一定要强制入库，不能违约。

（2）订购原料每个季度只能操作一次，因此需要提前合理规划。

图 4-29　订购原料

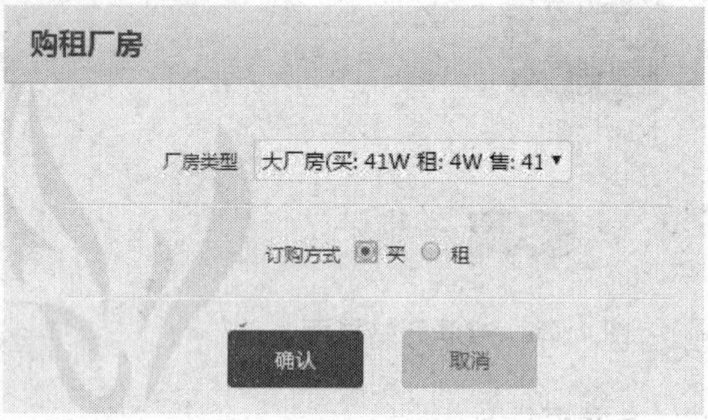

图 4-30　购租厂房

5. 购租厂房

企业可以根据自己的需要购买或租赁厂房，操作如图 4-30 所示。选择厂房的类型和使用方式，确认后，系统自动扣除相应的现金。

购租厂房的注意事项如下：

首次租赁厂房后系统会直接扣除租金，后续续租的时候，系统会在“当季结束”时自动扣除租金。

6. 新建生产线

新建生产线操作界面如图 4-31 所示。企业需要根据自己的规划，选择新建生产线的厂房、生产线类型和生产的产品类型。

新建生产线的注意事项如下：

（1）手工线和柔性线虽然可以任意转产，但在新建时需要指定生产的产品类型，后续可以通过转产替换。

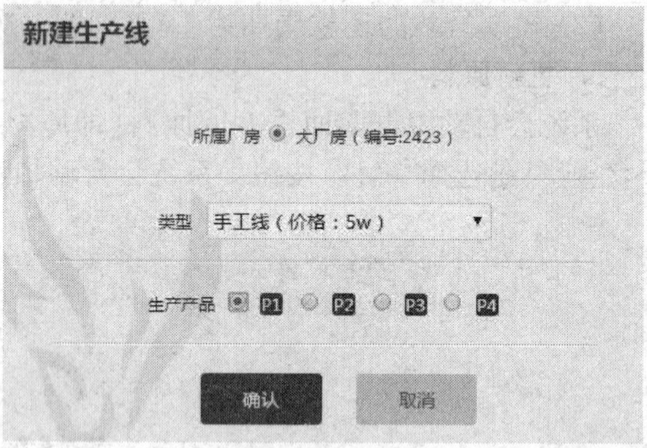

图 4-31　新建生产线

（2）新建生产线后扣除新建生产线的费用，而非扣除生产线总价，企业后续每个季度持续给生产线投资。

7. 在建生产线

在建生产线投资如图 4-32 所示。系统会自动给出可以继续投资的生产线，企业选择相应生产线继续投资。

在建生产线的注意事项如下：

(1) 在建生产线每个季度只能操作一次，不可重复操作。

(2) 请把所有需要继续投资的生产线全部选中后再确认。

(3) 每次继续投资生产线只会扣除一个季度的建设费用。

图 4-32 在建生产线

8. 生产线转产

生产线转产的操作界面如图 4-33 所示。需要选择生产线和对应要生产的产品类型。

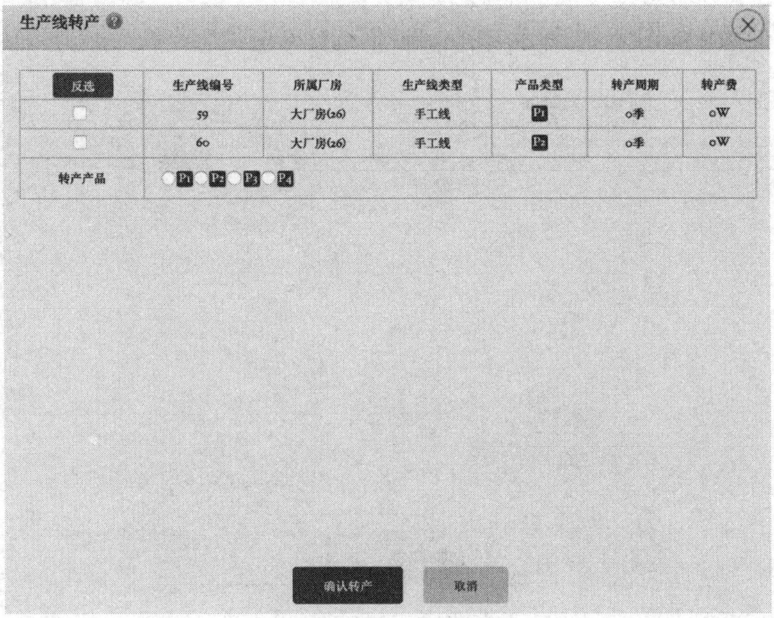

图 4-33 生产线转产

生产线转产的注意事项如下：

（1）手工线和柔性线虽然可以随意转产，但是也需要进行转产操作，操作完成后当季就可以生产。

（2）生产线空闲时才能进行转产操作。

9. 出售生产线

出售生产线操作如图 4-34 所示，企业可以选择需要出售的生产线然后点击“确认”按钮。

出售生产线的注意事项如下：

（1）出售生产线时只能获得相当于残值的现金，其他的金额会计入综合费用的损失栏。

（2）生产线空闲时才可以进行出售。

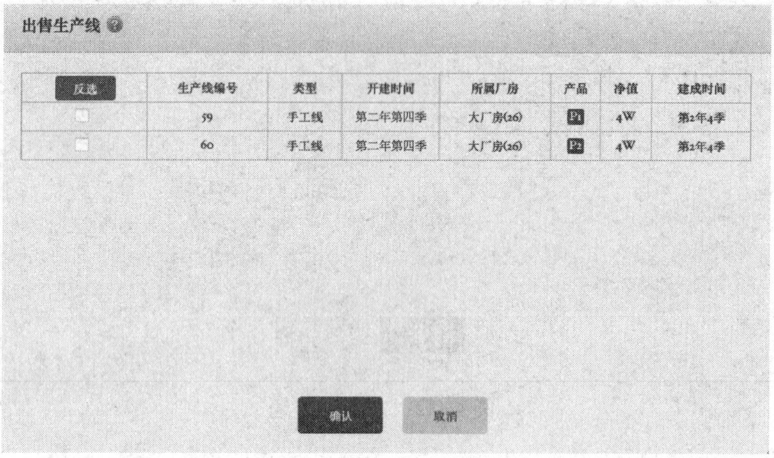

图 4-34　出售生产线

10. 开始生产

开始生产的操作如图 4-35 所示，在“反选”框选择对应的生产线后点击“确认”按钮即可。

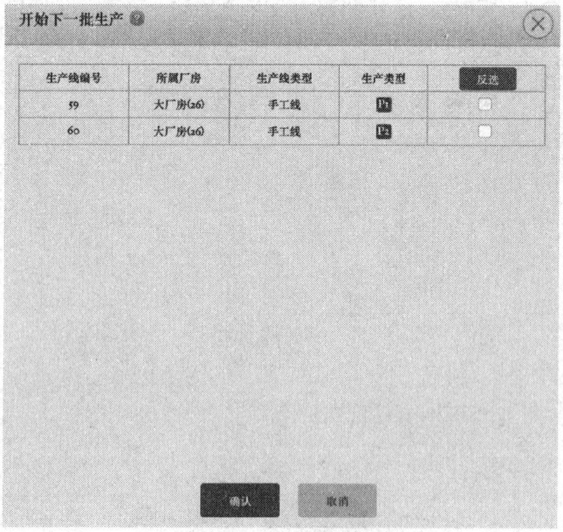

图 4-35　开始生产

开始生产的注意事项如下：

（1）在开始生产前，企业需要提前准备好生产线、原材料、加工费和生产资质，缺一不可。

（2）点击“确认”按钮后，系统会自动扣除生产费用。

11. 应收款更新

应收款更新的操作如图 4-36 所示，操作时系统会自动提示可以更新的应收款的数量，点击“确认”按钮即可更新。

应收款更新的注意事项如下：

（1）此步骤为季度运营第二阶段的关键步骤，否则无法操作阶段二的步骤。

（2）点击确认后，应收款会收现，系统在后台还会完成未到期的应收款的更新。

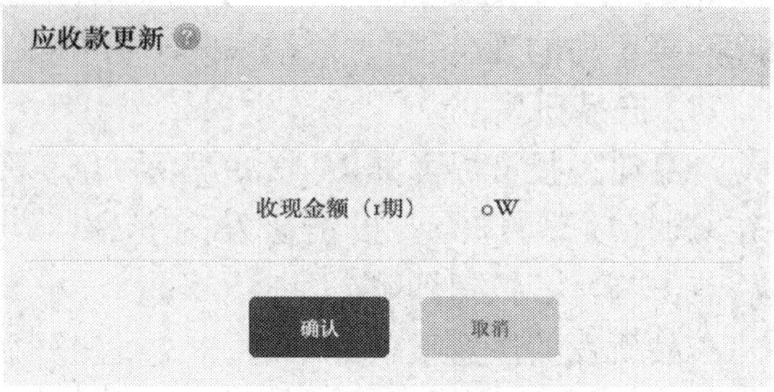

图 4-36　开始生产

12. 按订单交货

按订单交货操作如图 4-37 所示，选择可以交货的订单然后点击“确认交货”按钮。

按订单交货的注意事项如下：

（1）系统会自动列出未交货的订单信息。

（2）订单交货可以提前不能延后，未按时交单视为违约。

订单编号	市场	产品	数量	总价	得单年份	交货期	账期	ISO	操作
X31-0030	本地	P2	3	22W	第三年	3季	2季	-	确认交货
X31-0032	本地	P2	2	16W	第三年	1季	3季	-	确认交货
X32-0042	区域	P1	4	19W	第三年	1季	0季	-	确认交货
X32-0045	区域	P1	3	14W	第三年	1季	1季	-	确认交货
X32-0049	区域	P2	4	29W	第三年	3季	3季	-	确认交货

图 4-37　按订单交货

13. 厂房处理

厂房处理界面如图 4-38 所示。企业可以根据规划，选择处理厂房的方式（出售、退租、租转买和买转租）和待处理的厂房。

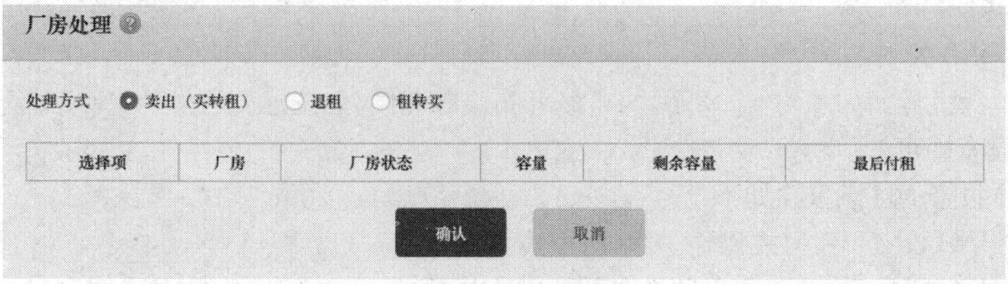

图 4-38　厂房处理

厂房处理的注意事项如下：

(1) 厂房出售后会得到四个账期的应收账款。如果厂房内有生产线，会自动变成卖转租操作，直接扣除本年租金。

(2) 只有空厂房才能进行退租。

(3) 租用的厂房可以在下一年度的对应季度进行租转买操作，操作完成后，系统会自动扣除购买厂房的现金，同时到季末时不再扣除厂房租金。

14. 产品研发

产品研发投资界面如图 4-39 所示，企业在"选择项"勾选需要投资研发的产品，然后点击"确认"按钮即可。

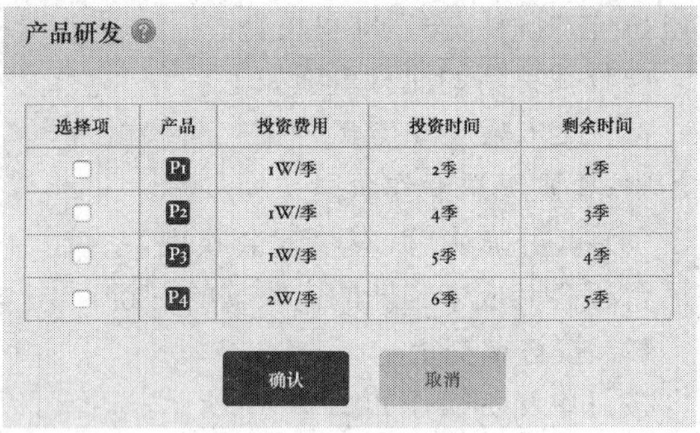

图 4-39　产品研发

产品研发的注意事项如下：

(1) 产品研发投资为季度工作，且每季度只能操作一次。

(2) 产品研发投资期满结束后到季末系统自动检测完成情况，下发生产资格证。

15. 市场开拓

当企业进行到第四季度时，可以进行市场开拓和 ISO 认证。市场开拓界面如图 4-40 所示，在"选择项"勾选需要开拓的市场，然后确认投资即可。

市场开拓的注意事项如下：

(1) 市场开拓 1 年只能操作一次，不可重复操作。

(2) 市场开拓投资后，系统会自动检测开拓市场的完成情况，如果完成就会自动下发资格证书。

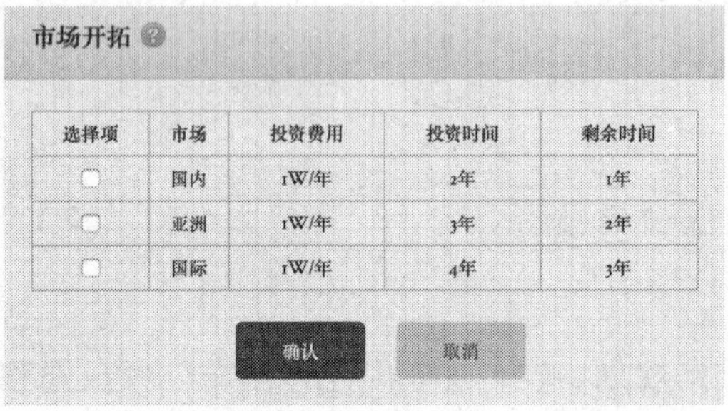

图 4-40　市场开拓

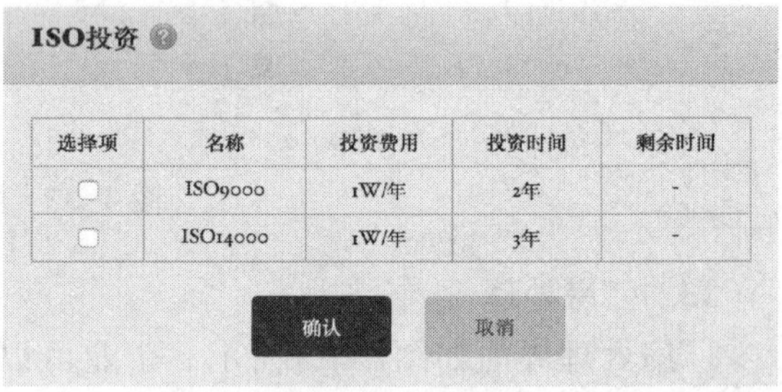

图 4-41　ISO 投资

16. ISO 投资

ISO 投资界面如图 4-41 所示，与市场开拓步骤相同，勾选想要研发的 ISO 认证资质，然后确认投资即可。

ISO 投资的注意事项如下：

(1) ISO 投资 1 年只能操作一次，不可重复操作。

(2) ISO 投资后，系统会自动检测开拓资质认证的完成情况，如果完成就会自动下发资格证书。

17. 当季/年结束

当季结束界面如图 4-42(左)所示，当季结束后系统自动完成了支付行政管理费、厂房租金和检测产品开发完成情况等操作。

当年结束界面如图 4-42(右)所示，当季结束后系统自动完成了支付行政管理费、厂房租金和检测产品开发完成情况等操作，此外还额外完成了检测新市场开拓/ISO 资格认证投资完成情况、支付设备维修费、提计折旧等每年一次的操作。

当季/年结束的注意事项如下：

(1) 当季结束时，如果有订单违约了会直接扣除一笔订单违约金，第四季度产生的订单违约金会在当年结束后扣除。

(2) 当季结束为季度工作第三阶段的结束操作，操作完成后不可逆转，直接进入下一季度。

图 4-42　当季/年结束

五、可随时进行的操作

可随时进行的操作包括厂房贴现、紧急采购、出售库存、应收款贴现、间谍和查看订单信息。这些操作一般都是非正常下的紧急操作，较容易出错。

1. 厂房贴现

对于企业买下的厂房，可以随时进行厂房贴现，具体操作如图 4-43 所示。

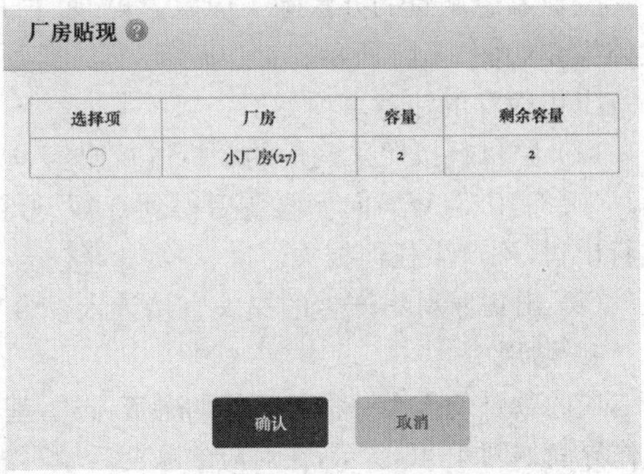

图 4-43　厂房贴现

厂房贴现的注意事项如下：

厂房贴现后，系统会在后台完成三个操作步骤：出售厂房得到 4 个账期的应收款；4 个账期应收款全部贴现；支付租金。企业在进行厂房贴现决策之前可以先计算一下：能获得多少现金，会产生多少费用，会减少多少所有者权益。

2. 紧急采购

紧急采购分成两个部分，分别是紧急采购原料和紧急采购产品，紧急采购界面如图4-44所示。只需要输入需要紧急采购的原料或者产品的数量，点击“确认采购”按钮即可。

紧急采购的注意事项如下：

(1) 紧急采购原料的价格是按照规则参数的 2 倍进行购买的；紧急采购产品的价格是按照直接成本的 3 倍进行购买的。

(2) 紧急采购操作完成后系统会直接扣除现金，同时紧急采购由于价格变高，企业会产生相应的损失，损失计算公式为：损失＝采购价－直接成本价。如紧急采购 1P2 产品，支付现金为直接成本的 3 倍，即 3×3＝9(W)，则产生损失采购价(9 W)－直接成本(3 W)＝6(W)。

图 4-44 紧急采购

图 4-45 出售库存

3. 出售库存

企业紧急融资的办法除了应收款贴现、厂房贴现以外，还可以出售库存产品和原材料，具体操作如图 4-45 所示。

出售库存的注意事项如下：

(1) 原材料按照采购价的 8 折进行出售，取整方式是向下取整，即出售一个原材料所得＝1×0.8＝0.8(W)，向下取整后得到 0 W 现金，并产生 1 W 损失；产成品按照直接成本价进行出售，不产生任何损失。

(2) 出售原材料产生的损失直接计入综合费用表的损失项。

4. 贴现

应收款贴现作为一种最常规的融资方式，基本所有企业都会在经营的过程中使用到，具体操作界面如图 4-46 所示，在对应的账期后填写需要贴现的数字，然后点击“确认”按钮即可。

贴现的注意事项如下：

（1）贴现的贴息率不同，每个季度的应收款单独贴现，分开计息。贴现贴息率分别是1、2季10%，3、4季12.5%，利息向上取整。

（2）应收款可以部分进行贴现，也可以全部进行贴现，但是不能进行超过对应季度应收款的贴现。部分贴现时剩下的应收款仍在原处，按照正常的应收款收现时间进行收现。

（3）贴息计入财务费用，在年末填入利润表。

图4-46　贴现

5. 间谍

商业情报功能就是间谍操作，是指可以在系统中查看所有竞争对手的企业经营数据，包括了解他们的生产线情况、产品研发情况、贷款情况等。商业情报一般在所有企业一年统一经营完后开放，具体的操作如图4-47所示。点开商业情报一栏后，屏幕将显示我们可以从系统上下载到的数据，包括报表信息、生产线信息、间谍信息、广告投放信息等。企业需要做好充分的间谍工作，才能在竞争中取得优势。

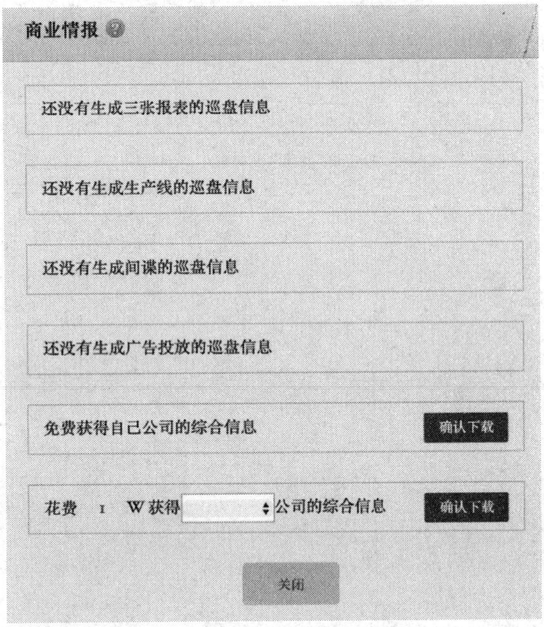

图4-47　商业情报

6. 订单信息

企业可以随时打开订单信息查询企业所有订单，订单信息查询界面如图4-48所示。企

订单信息

年份选择 所有年份

订单编号	市场	产品	数量	总价	状态	得单年份	交货期	账期	ISO	交货时间
X32-0042	区域	P1	4	19W	违约	第三年	1季	0季	-	-
X32-0045	区域	P1	3	14W	违约	第三年	1季	1季	-	-
X31-0030	本地	P2	3	22W	已交	第三年	3季	2季	-	第三年第二季
X31-0032	本地	P2	2	16W	违约	第三年	1季	3季	-	-
X32-0049	区域	P2	4	29W	已交	第三年	3季	3季	-	第三年第二季

图4-48　订单信息

业可以查看取得订单的产品种类、总价和市场等订单基本信息，还可以查看得单年份、状态（订单是否按期交货）、交货期等。企业在经营过程中要充分利用查询订单的功能，准确地安排生产活动。

注意：电子沙盘运营过程中，企业同样需要填制经营记录表及相关表单（见附录三）。

第五章

竞技训练

学习目标

◎ 了解沙盘模拟企业经营竞赛与课程的区别
◎ 学习 ERP 沙盘模拟企业经营竞赛的基本要求与比赛技巧
◎ ERP 沙盘模拟企业经营方案的制定、模拟、优选

第一节　模块化训练

一、初级模块化训练

完成一个完整的经营年训练，任务如下：

(1) 请从A、B、C三套订单(见表5-1)中做出最好的选择。

(2) 按订单及生产线信息(见表5-2)安排生产计划。

(3) 按生产计划安排原料采购计划，并填写相应的原料费用。

(4) 根据现金流情况，调整交单顺序。

(5) 根据现金流情况，调整原料采购计划(见表5-2)。

(6) 确认产能(见表5-2)，为下一年度初选取订单提供依据。

(7) 完成本年度经营，填写报表如表5-3至表5-6所示。

表5-1　三套订单

订单A(12 W广告费)				
产品	数量	金额	账期	交货期
P2	2个	14 W	3季	4季
P2	3个	21 W	3季	4季
P3	2个	17 W	3季	4季
P3	3个	26 W	3季	4季
订单B(8 W广告费)				
产品	数量	金额	账期	交货期
P2	2个	14 W	3季	4季
P2	3个	21 W	3季	4季
P3	2个	16 W	3季	4季
P3	3个	24 W	3季	4季
订单C(8 W广告费)				
产品	数量	金额	账期	交货期
P2	1个	7 W	3季	4季
P2	3个	20 W	3季	4季
P3	1个	8 W	3季	4季
P3	3个	24 W	3季	4季

表 5-2 生产相关信息

生产线信息							
序号	名称	产品	状态	开产时间	剩余时间	建成时间	开建时间
1	自动线	P2	在建	无	0 季	—	第一年第一季
2	自动线	P2	在建	无	0 季	—	第一年第一季
3	自动线	P3	在建	无	0 季	—	第一年第一季
4	自动线	P3	在建	无	0 季	—	第一年第一季

上年原料订购		
名称	数量	订购时间
R1	2 个	第四季度
R2	2 个	第四季度
R3	4 个	第四季度
R4	2 个	第四季度
R3	4 个	第三季度
R4	2 个	第三季度

原料数据		
名称	库存	提前期
R1	0 个	1 季
R2	0 个	1 季
R3	0 个	2 季
R4	0 个	2 季

产品研发					
名称	库存	研发周期	剩余时间	完成时间	原料组成
P1	0 个	2 季	0 季	第一年第四季	R1
P2	0 个	3 季	0 季	第一年第四季	R2+R3
P3	0 个	4 季	0 季	第一年第四季	R1+R3+R4
P4	0 个	5 季	1 季	—	R2+R3+2R4

表 5-3 经营记录表(简表)

操作顺序	企业经营流程每执行完一项操作,CEO 请在相应的方格内打钩				
	操作名称	手工记录			
年初	年初现金	49 W			
	广告投放	( )			
	支付应付税	×			
	支付长期贷款利息	×			
	更新长期贷款/长期贷款还款	×			
	申请长期贷款	+14 W			
1	季初盘点(请填余额)	( )	( )	( )	( )

（续表）

	操作名称	手工记录			
2	更新短期贷款/短期贷款还本付息	×	−30 W	−30 W	−30 W
3	申请短期贷款	+29 W	+29 W	+29 W	+29 W
4	原材料入库/更新原材料订单	−10 W	（ ）	（ ）	（ ）
5	下达原材料订单				
6	购买/租用厂房				
7	更新生产/完工入库	√	√	√	√
8	新建/在建/转产/变卖生产线				
9	紧急采购(随时进行)				
10	开始下一批生产	−4 W	−4 W	−4 W	−4 W
11	更新应收款/应收款收现	√	√	√	√
12	按订单交货				
13	产品研发投资	×	×	×	×
14	厂房出售(买转租)/退租/退转买				
15	厂房续租				
16	支付管理费	−1 W	−1 W	−1 W	−1 W
17	出售库存				
18	缴纳违约订单罚款				
19	季末现金	（ ）	（ ）	（ ）	（ ）
年末	支付设备维护费				−8 W
	计提折旧				×
	新市场/ISO资格换证				−5 W
	结账				（ ）

表5-4　综合费用表

项　目	金额
管理费	
广告费	
设备维护费	
转产费	
租金	
市场准入开拓费	
产品研发费	
ISO认证费	
信息费	
其他	
合计	

表5-5　利润表

项　目	金额
销售收入	
直接成本	
毛利	
综合费用	
折旧前利润	
折旧	0 W
支付利息前利润	
财务费用	
税前利润	
企业所得税	
净利润	

表 5-6 资产负债表

项目	金额	项目	金额
现金		长期负债	
应收账款		短期负债	
在制品		特别贷款	
产成品		应交税费	
原材料		—	
流动资产合计		负债合计	
土地和建筑	40 W	股东资本	80 W
机器与设备	60 W	利润留存	−18 W
在建工程		年度净利	
固定资产合计		所有者权益合计	
资产总计		负债和所有者权益总计	

二、中级模块化训练

完成一个完整的经营年训练，任务如下：

(1) 请从 A、B、C 三套订单(见表 5-7)中做出最好的选择。

(2) 按订单及生产线信息(见表 5-8)安排生产计划。

(3) 按生产计划安排原料采购计划，并填写相应的原料费用。

(4) 确认产能(见表 5-8)，为下一年度初选取订单提供依据。

(5) 完成本年度经营，填写报表(见表 5-9 至表 5-12)，要求权益最大化。

(6) 为方便下一年度选单，现决定第三季度和第四季度进行通用原料订购，具体如表 5-13 所示。

表 5-7 三套订单

订单 A(20 W 广告费)				
产品	数量	金额	账期	交货期
P1	3 个	17 W	1 季	4 季
P1	2 个	11 W	2 季	4 季
P2	3 个	22 W	3 季	2 季
P2	2 个	14 W	2 季	4 季
P4	2 个	21 W	4 季	2 季
P4	3 个	32 W	1 季	3 季
P4	2 个	20 W	2 季	4 季

（续表）

订单 B(24 W 广告费)				
产品	数量	金额	账期	交货期
P1	2 个	10 W	1 季	4 季
P1	2 个	11 W	2 季	4 季
P2	3 个	21 W	3 季	2 季
P2	2 个	13 W	2 季	4 季
P4	2 个	22 W	4 季	2 季
P4	3 个	33 W	1 季	3 季
P4	3 个	32 W	2 季	4 季
订单 C(18 W 广告费)				
产品	数量	金额	账期	交货期
P1	2 个	11 W	1 季	3 季
P1	3 个	16 W	2 季	3 季
P1	2 个	9 W	3 季	4 季
P2	3 个	22 W	2 季	2 季
P2	3 个	21 W	4 季	4 季
P4	2 个	21 W	1 季	3 季
P4	2 个	22 W	2 季	4 季

表 5-8　生产相关信息

生产线信息						
名称	产品	状态	开产时间	剩余时间	建成时间	开建时间
自动线	P1	建成	第一年第四季	0 季	第一年第三季	第一年第一季
自动线	P2	建成	第一年第四季	0 季	第一年第三季	第一年第一季
自动线	P4	在建	无	1 季	第二年第一季	第一年第二季
柔性线	P4	在建	无	1 季	第二年第一季	第一年第一季
柔性线	P4	在建	无	1 季	第二年第一季	第一年第一季

上年原料订购				原料数据		
名称	数量	订购时间		名称	库存	提前期
R1	1 个	第四季度		R1	1 个	1 季
R2	6 个	第四季度		R2	0 个	1 季
R3	6 个	第四季度		R3	2 个	2 季
R4	6 个	第四季度		R4	0 个	2 季
R3	4 个	第三季度				
R4	6 个	第三季度				

(续表)

产品研发					
名称	库存	研发周期	剩余时间	完成时间	原料组成
P1	0 个	2 季	0 季	第一年第二季	R1
P2	0 个	3 季	0 季	第一年第三季	R2＋R3
P3	0 个	4 季	4 季	无	R1＋R3＋R4
P4	0 个	4 季	0 季	第一年第四季	R2＋R3＋2R4

表 5-9　经营记录表(简表)

操作顺序	企业经营流程每执行完一项操作,CEO 请在相应的方格内打钩				
	操作名称	手工记录			
年初	年初现金	25 W			
	广告投放	(　)			
	支付应付税	×			
	支付长期贷款利息	×			
	更新长期贷款/长期贷款还款	×			
	申请长期贷款	＋34 W			
1	季初盘点(请填余额)	(　)	(　)	(　)	(　)
2	更新短期贷款/短期贷款还本付息	－30 W	－30 W	－30 W	－22 W
3	申请短期贷款	＋49 W	＋49 W	＋29 W	＋21 W
4	原材料入库/更新原材料订单	－17 W	(　)	(　)	－15 W
5	下达原材料订单				
6	购买/租用厂房				
7	更新生产/完工入库	√	√	√	√
8	新建/在建/转产/变卖生产线				
9	紧急采购(随时进行)				
10	开始下一批生产	－5 W	－5 W	－5 W	－5 W
11	更新应收款/应收款收现	√	(　)	(　)	(　)
12	按订单交货				
13	产品研发投资	×	×	×	×
14	厂房出售(买转租)/退租/租转买				
15	厂房续租			－2 W	
16	支付管理费	－1 W	－1 W	－1 W	－1 W
17	出售库存				

（续表）

	操作名称	手工记录			
18	缴纳违约订单罚款				
19	季末现金	（ ）	（ ）	（ ）	（ ）
年末	支付设备维护费				（ ）
	计提折旧				（ ）
	新市场/ISO资格换证				－3 W
	结账				（ ）

表 5-10　综合费用表

项　目	金额
管理费	
广告费	
设备维护费	
转产费	
租金	
市场准入开拓费	
产品研发费	
ISO认证费	
信息费	
其他	
合计	

表 5-11　利润表

项　目	金额
销售收入	
直接成本	
毛利	
综合费用	
折旧前利润	
折旧	
支付利息前利润	
财务费用	
税前利润	
企业所得税	
净利润	

表 5-12　资产负债表

项目	金额	项目	金额
现金		长期负债	34 W
应收账款		短期负债	
在制品		特别贷款	
产成品		应交税费	
原材料		——	
流动资产合计		负债合计	
土地和建筑	60 W	股东资本	80 W
机器与设备		利润留存	－10 W
在建工程		年度净利	
固定资产合计		所有者权益合计	
资产总计		负债和所有者权益总计	

表 5-13 原材料订购

季度 原料	第一季度	第二季度	第三季度	第四季度
R1				
R2				
R3				
R4				

三、高级模块化训练

完成一个完整的经营年训练，任务如下：

(1) 请从 A、B、C 三套订单(见表 5-14)中做出最好的选择。

(2) 按订单及生产线信息(见表 5-15)安排生产计划。

(3) 按生产计划安排原材料采购计划，并填写相应的原料费用。

(4) 确认产能(见表 5-15)，为下一年度初选取订单提供依据。

(5) 完成本年度经营，填写报表(见表 5-16 至表 5-19)，要求权益最大化。

(6) 为方便下一年度选单，现决定第三季度和第四季度进行通用原料订购(见表 5-20)，具体要求如下：

第四年第一季度：所有生产线可以生产 P2 和 P3。

第四年第二季度：所有生产线可以生产 P4。

表 5-14 三套订单

订单 A(32 W 广告费)				
产品	数量	金额	账期	交货期
P1	3 个	17 W	1 季	4 季
P1	2 个	11 W	3 季	1 季
P2	3 个	23 W	2 季	4 季
P2	3 个	24 W	2 季	4 季
P2	2 个	14 W	1 季	2 季
P3	3 个	26 W	3 季	3 季
P4	2 个	21 W	2 季	3 季
P4	3 个	32 W	3 季	1 季

（续表）

订单 B(28 W 广告费)				
产品	数量	金额	账期	交货期
P1	3 个	16 W	1 季	1 季
P1	2 个	11 W	2 季	3 季
P2	3 个	22 W	2 季	4 季
P2	3 个	23 W	2 季	4 季
P2	2 个	14 W	1 季	3 季
P3	3 个	24 W	4 季	1 季
P4	2 个	20 W	1 季	3 季
P4	3 个	33 W	1 季	3 季
订单 C(28 W 广告费)				
产品	数量	金额	账期	交货期
P1	3 个	15 W	3 季	1 季
P1	2 个	12 W	2 季	2 季
P2	3 个	24 W	1 季	4 季
P2	3 个	21 W	1 季	4 季
P2	2 个	15 W	2 季	3 季
P3	3 个	25 W	4 季	2 季
P4	2 个	21 W	1 季	3 季
P4	3 个	31 W	1 季	3 季

表 5-15　生产相关信息

生产线信息						
名称	产品	状态	开产时间	建设剩余时间	建成时间	开建时间
手工线	P1	建成	第二年第三季	0 季	第一年第三季	第一年第三季
手工线	P1	建成	第二年第三季	0 季	第一年第三季	第一年第三季
手工线	P1	建成	第二年第三季	0 季	第二年第一季	第二年第一季
柔性线	P3	建成	第二年第四季	0 季	第二年第一季	第一年第一季
柔性线	P3	建成	第二年第四季	0 季	第二年第一季	第一年第一季
柔性线	P3	建成	第二年第四季	0 季	第二年第一季	第一年第一季
（可拓展）						
（可拓展）						
（可拓展）						

（续表）

上年原料订购				原料数据		
名称	数量	订购时间		名称	库存	提前期
R1	2个	第四季度		R1	0个	1季
R2	9个	第四季度		R2	0个	1季
R3	3个	第四季度		R3	0个	2季
R4	0个	第四季度		R4	0个	2季
R3	7个	第三季度				
R4	10个	第三季度				

产品研发					
名称	库存	研发周期	剩余时间	完成时间	原料组成
P1	0个	2季	0季	第一年第二季	R1
P2	0个	3季	0季	第一年第三季	R2+R3
P3	0个	4季	0季	第一年第四季	R1+R3+R4
P4	0个	4季	0季	第一年第四季	R2+R3+2R4

表 5-16　经营记录表（简表）

操作顺序	企业经营流程每执行完一项操作，CEO请在相应的方格内打钩				
	操作名称	手工记录			
年初	年初现金	30 W			
	广告投放	（ ）			
	支付应付税	×			
	支付长期贷款利息	×			
	更新长期贷款/长期贷款还款	×			
	申请长期贷款	+54 W			
1	季初盘点（请填余额）	（ ）	（ ）	（ ）	（ ）
2	更新短期贷款/短期贷款还本付息	−30 W	−30 W	−28 W	−30 W
3	申请短期贷款	+49 W	+29 W	+28 W	+29 W
4	原材料入库/更新原材料订单	−28 W	（ ）	（ ）	−12 W
5	下达原材料订单				
6	购买/租用厂房				
7	更新生产/完工入库	√	√	√	√
8	新建/在建/转产/变卖生产线	（ ）	（ ）		

（续表）

	操作名称	手工记录			
9	紧急采购(随时进行)				
10	开始下一批生产	（ ）	（ ）	（ ）	（ ）
11	更新应收款/应收款收现	√	（ ）	（ ）	（ ）
12	按订单交货				
13	产品研发投资	×	×	×	×
14	厂房出售(买转租)/退租/租转买				
15	厂房续租			−4 W	
16	支付行政管理费	−1 W	−1 W	−1 W	−1 W
17	出售库存				
18	缴纳违约订单罚款				
19	季末现金	（ ）	（ ）	（ ）	（ ）
年末	支付设备维护费				（ ）
	计提折旧				（ ）
	新市场/ISO 资格换证				−1 W
	结账				（ ）

表 5-17　综合费用表

项　目	金额
管理费	
广告费	
设备维护费	
转产费	
租金	
市场准入开拓费	
产品研发费	
ISO 认证费	
信息费	
其他	
合计	

表 5-18　利润表

项　目	金额
销售收入	
直接成本	
毛利	
综合费用	
折旧前利润	
折旧	0 W
支付利息前利润	
财务费用	
税前利润	
企业所得税	
净利润	

表 5-19 资产负债表

项目	金额	项目	金额
现金		长期负债	
应收账款		短期负债	
在制品		特别贷款	
产成品		应交税费	
原材料		—	
流动资产合计		负债合计	
土地和建筑	40 W	股东资本	80 W
机器与设备	60 W	利润留存	−18 W
在建工程		年度净利	
固定资产合计		所有者权益合计	
资产总计		负债和所有者权益总计	

表 5-20 原料订购

季度 原料	第一季度	第二季度	第三季度	第四季度
R1				
R2				
R3				
R4				

第二节 竞赛规则与市场分析

一、生产线和厂房规则

在竞赛规则中主要有四种生产线类型，分别是超级手工线、自动线、柔性线和租赁线，如表 5-21 所示。常见的厂房类型有大厂房、中厂房、小厂房，如表 5-22 所示。

每种类型的生产线和每种类型的厂房均有其优势和劣势。在制定方案、做出决策时，企业必须考虑到每种生产线和厂房的特点和优势，在充分发挥优势的同时还应考虑其与战略布局的匹配程度，要认识到并不存在最好的方案，只有和战略布局、战略目标相匹配的方案才是最适合自身发展需求的最优选择。每种生产线的优势和劣势如下。

表 5-21 生产线

名称	投资总额	每季投资额	安装周期	生产周期	总转产费用	转产周期	维修费	残值	折旧费	折旧时间
超级手工线	4 W	4 W	0 季	2 季	0 W	0 季	1 W/年	1 W	1 W	4 年
自动线	14 W	7 W	2 季	1 季	2 W	1 季	2 W/年	2 W	3 W	5 年
柔性线	18 W	9 W	2 季	1 季	0 W	0 季	2 W/年	2 W	4 W	5 年
租赁线	0 W	0 W	0 季	1 季	2 W	1 季	7 W/年	−6 W	0 W	0 年

表 5-22 厂房

名称	购买价格	租金	出售价格	容量
大厂房	40 W	4 W	40 W	4 条生产线
中厂房	30 W	3 W	30 W	3 条生产线
小厂房	20 W	2 W	20 W	2 条生产线

1. 柔性线

1）优势

(1) 转产不需要时间，可随时进行任何产品的转产活动，转产效率很高。

(2) 在转产时不需要支付转产费用，可随时应对市场选单的变化。

(3) 产能较大，能够主动灵活地应对市场的需求量变化。

(4) 当年第四季度建成后，当年不需交维修费，下一年不需要进行折旧处理。

2）劣势

(1) 购买价格较高，投资时间较长，需提前投资建设，会对资金循环造成较大的压力。

(2) 开始折旧后，折旧费用较高，若产出不高会对当年利润造成较大压力。

(3) 建成后不能轻易出售，否则会产生较大的损失。

2. 自动线

1）优势

(1) 购买价格相对柔性线较低，对资金循环造成的压力相对较小。

(2) 折旧费用相对柔性线较低，对当年利润造成的压力相对较小。

(3) 当年第四季度建成后，当年不需交维修费，下一年不需要进行折旧处理。

(4) 产能较大，能够应对市场需求扩张的变化。

2）劣势

(1) 投资时间较长，需提前投资建设。

(2) 开始折旧后，折旧费用较高，若产出不高会对当年利润造成较大压力。

(3) 转产需要转产周期且需要支付转产费用，不能灵活应对市场选单变化，较为被动。

(4) 建成后不能轻易出售，否则会产生较大的损失。

3. 超级手工线

1）优势

(1) 购买价格低，对资金循环造成的压力较小。

(2) 投资时间短，可当季投资当季生产，能够迅速扩产以便灵活应对市场选单。

(3) 维修费和折旧费用低，对当年利润冲击小。

(4) 转产不需要支付费用且转产时间较短，转产效率较高。

(5) 建成后出售年限较短造成的损失较少，布局时可积极应对市场骤缩的变化。

2) 劣势

(1) 当年无论何时建成都需要交维修费，给当年利润造成的冲击较大。

(2) 产能相对柔性线和自动线较小。

(3) 生产周期相对柔性线和自动线较长。

4. 租赁线

1) 优势

(1) 不需要花钱购买，对现金流循环的压力极小。

(2) 产能较大，能够适应市场扩张变化。

(3) 投资时间短，可当季投资当季生产，能够迅速扩产以便灵活应对市场选单。

(4) 建成后只要空置即可变现，布局时可积极应对市场骤缩的变化。

2) 劣势

(1) 维修费用高，对当年利润的冲击较大。

(2) 转产需要转产周期，且需支付转产费用，不能灵活转产以便适应选单的变化。

(3) 出售时产生的损失较高，对当年利润冲击较大。

企业要制定适合自身企业发展以及匹配企业战略布局和战略目标的开局方案，就需要充分理解每种生产线的优势和劣势，并将每种生产线巧妙组合、灵活运用。

二、融资规则

企业的股东资本是有限的，在企业发展和正常运营过程中，会进行大量投资活动和费用支出。企业应合理利用融资规则进行融资活动以维持企业的投资支出和现金流的循环。在沙盘竞赛中，企业的融资方式有 4 种，分别是长期贷款、短期贷款、资金贴现和库存拍卖。每种融资方式的特点不同，方式不同均直接影响企业使用资金所带来的资本成本。财务总监在进行融资决策时，需分析不同融资方式的资本成本和资本风险，选择合理的融资方式进行合适的经营活动，并使企业的资本结构趋于合理化，降低财务风险。在沙盘竞赛中涉及的 4 种融资方式如表 5-23 所示。

表 5-23 融资方式

类型	贷款时间	贷款额度	年利息	还款方式	备注	取整规则
长期贷款	每年初	所有长贷和短贷之和不能超过上年权益的3倍	10.0%	年初付息，到期还本	不小于 10 W	四舍五入
短期贷款	每季度初		5.0%	到期一次，还本付息		四舍五入
资金贴现	任何时间	视应收款额	10.0%(1 季 2 季)，12.5%(3 季，4 季)	变现时贴息	贴现各账期分开核算，分开计息	向上取整
库存拍卖	原材料八折，成品按成本价					向下取整

1. 长期贷款

1）特点

长期贷款只能在年初进行，受到时间节点的制约。其贷款额度受到权益的制约，贷款利息为10%，年初支付利息，到期偿还本金，单次贷款金额不小于10 W。

2）使用方法

在沙盘竞赛中，固定资产主要包括厂房和生产线。从财务角度分析，固定资产从投资到成本回收所经历的周期较长，与长期贷款的特点相符。长期贷款的使用周期较长，一般用来进行厂房的购买和生产线的投资建设。由于贷款利息的取整规则为四舍五入，所以长期贷款的金额一般以4结尾，这样便可以省1 W的利息费用。

2. 短期贷款

1）特点

短期贷款只能在每季度初进行，受到时间节点的制约，其贷款额度受到权益的制约，贷款利息为5%。短期贷款到期后一次性偿还本金和利息，单次贷款金额不小于10 W。

2）使用方法

在沙盘竞赛中，每个季度在运营过程中，需支付大量的材料采购和生产费用，企业一般选择短期贷款来支付材料费用和生产费用等以维持企业正常的资金流运转。短期贷款的总体原则为“够用即可”。由于贷款的取整规则为四舍五入，短期贷款的金额一般以偶数位开头，9结尾，如29、49、69等，以节约财务费用。当所需的短期贷款金额较多时，可将短期贷款均摊到每个季度以缓解短期贷款的偿债压力。

3. 资金贴现

1）特点

在企业有应收款的情况下，可随时进行贴现处理，不受时间节点的制约。1季和2季账期的应收款贴现率为10%，3季和4季账期的应收款贴现率为12.5%。各账期应收款分开核算，分开计提贴息。

2）使用方法

资金贴现不受时间节点的制约，可随时进行。在贷款额度不足而无法获取贷款的时候，企业可进行资金贴现处理以保证现金流的正常循环，1、2季账期的应收款贴现金额应为10的倍数，3、4季账期的应收款贴现金额应为8的倍数，这样就可以节约财务费用。在进行资金贴现时，企业应以“低利率、早回款”为原则，在保证现金流的同时降低财务费用。

4. 库存拍卖

1）特点

库存拍卖可以在任何时间进行，不受时间节点的制约。原材料按照8折出售，成品按照成本价出售。

2）使用方法

在无法获取贷款和资金贴现的情况下，可采取库存拍卖的应急处理措施。库存拍卖是由经营不善导致的，所以在经营过程中企业应尽量避免该种情况的发生。

三、市场分析

1. 市场预测处理

(1) 拿到一份市场预测后，企业要对市场预测进行数据处理，做出相应的决策。

企业需要计算每年各产品总需求量和年度市场总需求量，了解一个市场需求的整体走势，为整个方案的设计奠定基础。如果市场是稳步增长的，那么企业相应地也要选择稳步扩张的方案；如果市场是极速扩张的，企业就要考虑如何使用租赁线或者战略性库存的方式来增加爆发力；如果市场是收缩的，那么不扩张的策略也是企业的可选项。

企业应根据整体市场的发展情况去设计产能，每年的产能一定要能跟着组均需求量变化。一方面，如果产能不达标那么市场就会有空缺，会给一些大产能的组可乘之机；另一方面，如果产能太高，超过组均需求，投放广告时会比较困难，无法做到即产即销。

(2) 要关注产品的均价走势，产品的价格决定了利润的空间，这对一开始选择产品和后面研发新产品时有指导意义。企业要综合考虑产品的需求量和价格来选择生产什么产品。

(3) 4 年的整体建设思路和研发产品确认完后，企业需要关注产品的单均量，即每张订单有多少个产品。这决定了开线的思路，比如单均量为 3 个的市场，那么基本可以假定市场上每张单子的产品数量应该是在 4 个/3 个/2 个，这个时候，如果选择自动线，单产品开，3 条自动线会比较合适。因为大概率数量为 3 个的订单会比较多。这样开线可以做到即产即销，提升现金的回流速度。

2. 产能确认

设计完成开局生产线方案后，需要排出第二年的产能，销售总监要结合产能详单仔细思考：这样安排的生产是否能够卖完，在多少的广告下可以卖完？如果卖不完，现金流是否足够支撑多研发一种产品来卖？如果研发不了，是否要重新设计建线方案。在结合详单考虑可能的销售情况时，销售总监要足够客观、理性。每一套方案可以提前筹备好上中下三种选单方式，做好三种准备(市场空、市场中等、市场拥挤)，然后分别计算三种情况下的利润。

3. 利润计算

将提前准备好的拿单情况带入选单，带入现金流以模拟得到一组订单，根据模拟的订单组进行第二年的现金预算。这样可以了解第二年的现金状况，知道现金缺口在哪个位置或者在哪个季度会有大量现金富余，以便提前思考如何扩张。在做现金预算时，企业需要把第二年的权益计算出来，了解方案大致的盈利能力。之后按照第二年的模拟利润和现金情况规划第三年、第四年的建设。

重复以上步骤设计出 Plan B、Plan C，综合考虑现金流、利润、后续发展规划和方案整体爆发力选择出最终方案。

第三节 竞赛技巧

一、原材料通用单

原材料通用单是指订购可以满足不同生产方式的通用原材料，让生产方式更加灵活，从而获得更大的选单优势。原材料通用单通常会在企业拥有柔性线、超级手工线等有柔性产能的生产线时使用。

示 例

A企业研发产品P2、P3，现有柔性线两条。根据生产相关信息(见表5-24)，物流总监给出了两种原材料订购方案，如表5-25所示。

表5-24 生产相关信息

产品研发						原材料设置		
名称	开发费	开发时间	加工费	直接成本	产品组成	名称	购买单价	提前期
P1	2 W/季	1季	1 W	2 W	R1×1	R1	1 W	1季
P2	2 W/季	2季	1 W	3 W	R2×1;R3×1	R2	1 W	1季
P3	2 W/季	2季	1 W	4 W	R1×1;R3×1;R4×1	R3	1 W	2季
P4	2 W/季	3季	1 W	5 W	R2×2;R3×1;R4×1	R4	1 W	2季

表5-25 两种原材料订购方案

第二年原材料订购方案A				
季度 原料	第一季度	第二季度	第三季度	第四季度
R1				1个
R2				1个
R3			2个	2个
R4			1个	1个
第二年原材料订购方案B				
季度 原料	第一季度	第二季度	第三季度	第四季度
R1				2个
R2				2个
R3			2个	2个
R4			2个	1个

如果A企业采用原材料订购方案A，则第三年第一季度两条柔性线能够上线生产1个P2、1个P3，第三年第一季度共需支付原材料入库费用5 W。如果A企业采用原材料订购方案B，则第三年第一季度两条柔性线能够上线生产1个P2、1个P3，或者2个P2，又或者2个P3，第三年第一季度共需支付原材料入库费用8 W。由此可见，方案A比订购通用原材料的方案B要节约资金，对现金流的压力更小，但是方案B比方案A更加灵活，能够满足多种生产方式。

二、第一年买厂房第二年卖厂房

租金会影响综合费用进而影响权益，而权益会影响下一年的贷款。在竞赛中，很多现金流紧张的方案在第二年会急需一些现金过渡。这时可以考虑通过第一年买厂房、第二年卖掉的方式来减少第一年的权益下降，增加第二年的现金流。

示例

方案A：购买厂房，报表如表5-26至表5-28所示。

表5-26 综合费用表

项目	金额
管理费	4 W
广告费	0 W
设备维护费	6 W
转产费	0 W
租金	0 W
市场准入开拓费	6 W
产品研发费	6 W
ISO认证费	1 W
信息费	0 W
其他	0 W
合计	23 W

表5-27 利润表

项目	金额
销售收入	0 W
直接成本	0 W
毛利	0 W
综合费用	23 W
折旧前利润	−23 W
折旧	0 W
支付利息前利润	−23 W
财务费用	0 W
税前利润	−23 W
企业所得税	0 W
净利润	−23 W

表5-28 资产负债表

项目	金额	项目	金额
现金	32 W	长期负债	0 W
应收账款	0 W	短期负债	87 W
在制品	0 W	特别贷款	0 W
产成品	0 W	应交税费	0 W
原材料	0 W	—	
流动资产合计	32 W	负债合计	87 W
土地和建筑	40 W	股东资本	72 W
机器与设备	0 W	利润留存	0 W
在建工程	64 W	年度净利	−23 W
固定资产合计	104 W	所有者权益合计	49 W
资产总计	136 W	负债和所有者权益总计	136 W

方案B：租用厂房，报表如表5-29至表5-31所示。

表5-29 表综合费用表

项 目	金额
管理费	4 W
广告费	0 W
设备维护费	6 W
转产费	0 W
租金	4 W
市场准入开拓费	6 W
产品研发费	6 W
ISO认证费	1 W
信息费	0 W
其他	0 W
合计	27 W

表5-30 利润表

项 目	金额
销售收入	0 W
直接成本	0 W
毛利	0 W
综合费用	27 W
折旧前利润	−27 W
折旧	0 W
支付利息前利润	−27 W
财务费用	0 W
税前利润	−27 W
企业所得税	0 W
净利润	−27 W

表5-31 资产负债表

项目	金额	项目	金额
现金	68 W	长期负债	0 W
应收账款	0 W	短期负债	87 W
在制品	0 W	特别贷款	0 W
产成品	0 W	应交税费	0 W
原材料	0 W	—	
流动资产合计	68 W	负债合计	87 W
土地和建筑	0 W	股东资本	72 W
机器与设备	0 W	利润留存	0 W
在建工程	64 W	年度净利	−27 W
固定资产合计	64 W	所有者权益合计	45 W
资产总计	132 W	负债和所有者权益总计	132 W

企业第一年决定新建4条自动线，由以上两种方案可知，购买厂房后第一年年度净利−23 W，租用厂房后第一年年度净利−27 W。在贷款额度为权益的3倍的情况下，方案A可以多贷款12 W，厂房贴现可以获得35 W现金，与不购买厂房第一年支付4 W租金相比，第二年多了13 W现金。从权益的角度来看，方案A购买厂房，第二年再出售贴现，其前两年权益一共下降了9 W，而方案B租用厂房的前两年权益一共下降了8 W。如果采用方案A并出售厂房，企业获得4季账期的应收款而非直接获得现金，那么只要最终这笔应收款的

贴息小于 4 W,则方案 A 前两年下降的权益也会小于方案 B 前两年下降的权益。

三、建线方式

根据生产线规则,建成当年的生产线需要支付维修费,生产线建成的下一年开始折旧。因此,让建设周期长的生产线在第一季度刚好建成时,当年可以使用,但不用折旧。

示 例

生产线信息如表 5-32 所示。

表 5-32 生产线信息

名称	投资总额	每季投资额	安装周期	生产周期	总转产费用	转产周期	维修费	残值	折旧费	折旧时间
超级手工线	5 W	5 W	0 季	2 季	0 W	0 季	1 W/年	1 W	1 W	5 年
自动线	15 W	5 W	3 季	1 季	2 W	1 季	2 W/年	2 W	3 W	5 年
柔性线	20 W	5 W	4 季	1 季	0 W	0 季	2 W/年	2 W	4 W	5 年
租赁线	0 W	0 W	0 季	1 季	2 W	1 季	6 W/年	−6 W	0 W	0 年

A 企业需要在第一年开始建造两条 P2 自动线,自动线建设周期为 3 季,生产总监给出以下两种建线方式:

建线方案 A:第一年第一季度开始建造两条 P2 自动线,在第一年第四季度时建造完成,可以上线生产;

建线方案 B:第一年第二季度开始建造两条 P2 自动线,在第二年第一季度时建造完成,可以上线生产。

采用建线方案 A 时,第一年需要支付维修费用 4 W,第二年需要支付维修费用 4 W,折旧 6 W,两年权益共计下降 14 W,第二年共有 8 个 P2 用于销售;采用建线方案 B 时,第一年不需要支付维修费用,第二年需要支付维修费用 4 W,折旧 0 W,两年权益共计下降 4 W,第二年共有 6 个 P2 用于销售。一般情况下,选择建线方案 B 更加合适。

四、精确划单

投放广告前需要对当年的间谍情况进行分析,做到知己知彼,百战不殆。广告费并不是越多越好,有时候精确而少量的广告反而能够达到更好的效果。

示 例

第 3 组第一年的广告间谍表如表 5-33 所示,已知第二年 P3 本地市场共有 6 张订单,P4 本地市场共有 4 张订单,第 3 组营销总监给出了一下两种广告投放方案:

表 5-33 第一年间谍表

组号	研发	生产线	年末现金
1	P1、P2	3 条柔性线、3 条手工线	24 W
2	P2、P4	8 条手工线	31 W

（续表）

组号	研发	生产线	年末现金
3	P3、P4	4 条自动线	19 W
4	P1、P4	4 条柔性线	26 W
5	P2、P3	5 条自动线	29 W
6	P1、P2	4 条柔性线	24 W
7	P1、P3	2 条自动线、2 条柔性线	22 W
8	P2、P4	2 条柔性线、4 条手工线	16 W

广告方案 A：本地；P3:3 W；P4:1 W；

广告方案 B：本地；P3:8 W；P4:4 W。

不论采用广告方案 A 还是方案 B，都能够在本地市场获取 2 张 P3 订单和 1 张 P4 订单，区别在于订单的数量、账期和交货期，需要综合考虑详单信息，做出决策。如果选单排名靠前并不能获取数量更多的订单，则选择广告方案 B。

五、交单顺序

从市场上获得的订单有不同的交货期与不同的账期，哪张订单先交，哪张订单后交需要综合考虑交货期与账期对公司财务状况的影响，根据公司实际需求，制定合适的交单顺序。

示 例

A 公司第三年的经营记录表，以及第三年获取的订单如表 5-34、表5-35 所示。A 公司共有两条 P3 自动线，每季度能够生产出 2 个 P3。

表 5-34 经营记录表(简表)

贷款额度		0 W	0 W	0 W	0 W
权益	53 W	1 季	2 季	3 季	4 季
年初现金		54 W			
贴现	1 季				
	2 季				
	3 季				
	4 季				
贴息		0 W			
广告		10 W			
税金		0 W			
长贷利息		4 W			
长贷					
季初现金		40 W	30 W	16 W	6 W

（续表）

还短贷		29 W	29 W	29 W	29 W
利息		1 W	1 W	1 W	1 W
短贷		29 W	29 W	29 W	29 W
材料		6 W	6 W	6 W	6 W
厂房					
建线					
紧急采购					
生产		2 W	2 W	2 W	2 W
缺口		31 W	21 W	7 W	−3 W
应收款		0 W	0 W	0 W	0 W
厂房租金		4 W			
研发					
管理费		1 W	1 W	1 W	1 W
市场					2 W
ISO					2 W
维护					8 W
季末现金		30 W	16 W	6 W	−16 W

表 5-35 订单列表

产品	数量	金额	交货期	账期
P3	2 个	17 W	2 季	3 季
P3	2 个	17 W	3 季	3 季
P3	2 个	17 W	4 季	1 季
P3	2 个	17 W	4 季	4 季

现有两种交单顺序如下：

交单顺序 A 及其应收款、贴现、经营记录表如表 5-36 至表 5-38 所示。

表 5-36 交单顺序 A

产品	数量	金额	交货期	账期	交单时间
P3	2 个	17 W	2 季	3 季	2 季
P3	2 个	17 W	3 季	3 季	3 季
P3	2 个	17 W	4 季	1 季	4 季
P3	2 个	17 W	4 季	4 季	1 季

表 5-37　应收款及贴现情况

	季度	1 季	2 季	3 季	4 季
应收款	1 季				17 W
	2 季				
	3 季		17 W	17 W	
	4 季	17 W			
贴现	1 季				10 W
	2 季				
	3 季				
	4 季	16 W			
贴息		2 W	0 W	0 W	1 W

表 5-38　经营记录表(简表)

贷款额度		0 W	0 W	0 W	0 W
权益	53 W	1 季	2 季	3 季	4 季
年初现金		54 W			
贴现	1 季				
	2 季				
	3 季				
	4 季				
贴息		0 W			
广告		10 W			
税金		0 W			
长贷利息		4 W			
长贷					
季初现金		40 W	44 W	30 W	20 W
还短贷		29 W	29 W	29 W	29 W
利息		1 W	1 W	1 W	1 W
短贷		29 W	29 W	29 W	29 W
材料		6 W	6 W	6 W	6 W
厂房					
建线					
紧急采购					
生产		2 W	2 W	2 W	2 W

(续表)

缺口	31 W	35 W	21 W	11 W
应收款	0 W	0 W	0 W	0 W
0 账期订单				
厂房处理		4 W		
研发				
管理费	1 W	1 W	1 W	1 W
市场				2 W
ISO				2 W
维护				8 W
季末现金	44 W	30 W	20 W	7 W

交单顺序 B 及其应收款、贴现、经营记录表如表 5-39 至表 5-41 所示。

表 5-39 交单顺序 B

产品	数量	金额	交货期	账期	交单时间
P3	2 个	17 W	2 季	3 季	2 季
P3	2 个	17 W	3 季	3 季	3 季
P3	2 个	17 W	4 季	1 季	1 季
P3	2 个	17 W	4 季	4 季	4 季

表 5-40 应收款及贴现情况

	季度	1 季	2 季	3 季	4 季
应收款	1 季	17 W			
	2 季				
	3 季		17 W	17 W	
	4 季				17 W
贴现	1 季				
	2 季				
	3 季				
	4 季				
贴息		0 W	0 W	0 W	0 W

表 5-41 经营记录表(简表)

贷款额度		0 W	0 W	0 W	0 W
权益	53 W	1 季	2 季	3 季	4 季

（续表）

年初现金		54 W			
贴现	1季				
	2季				
	3季				
	4季				
贴息		0 W			
广告		10 W			
税金		0 W			
长贷利息		4 W			
长贷					
季初现金		40 W	30 W	33 W	23 W
还短贷		29 W	29 W	29 W	29 W
利息		1 W	1 W	1 W	1 W
短贷		29 W	29 W	29 W	29 W
材料		6 W	6 W	6 W	6 W
厂房					
建线					
紧急采购					
生产		2 W	2 W	2 W	2 W
缺口		31 W	21 W	24 W	14 W
应收款		0 W	17 W	0 W	0 W
0账期订单					
厂房处理			4 W		
研发					
管理费		1 W	1 W	1 W	1 W
市场					2 W
ISO					2 W
维护					8 W
季末现金		30 W	33 W	23 W	1 W

对比两种交单顺序可以看出在采用交单顺序A时，企业无法度过第三季度还短贷的资金缺口，需要贴现16 W才能归还短贷，且在第四季度会再次出现资金缺口。采用交单顺序B时，因为第一季度交的订单账期更短，更早获得了应收款，避免了资金贴现，使得企业今年的权益更高。

六、贴现避税

在沙盘模拟企业经营中，企业所得税率一般为25%，采用四舍五入的计算方式。纳税金额直接关乎企业当年的净利润，因此掌握合理避税的技巧十分重要，贴现避税就是比较常见的一种避税方式。

示 例

A企业第三年的财务报表如表5-42至表5-44所示。

表5-42 综合费用表

项 目	金额
管理费	4 W
广告费	37 W
设备维护费	10 W
转产费	0 W
租金	0 W
市场准入开拓费	0 W
产品研发费	0 W
ISO认证费	0 W
信息费	0 W
其他	0 W
合计	51 W

表5-43 利润表

项 目	金额
销售收入	188 W
直接成本	85 W
毛利	103 W
综合费用	51 W
折旧前利润	52 W
折旧	18 W
支付利息前利润	34 W
财务费用	12 W
税前利润	22 W
企业所得税	6 W
净利润	16 W

表5-44 资产负债表

项目	金额	项目	金额
现金	50 W	长期负债	39 W
应收账款	118 W	短期负债	107 W
在制品	0 W	特别贷款	0 W
产成品	0 W	应交税费	6 W
原材料	0 W	—	
流动资产合计	168 W	负债合计	152 W
土地和建筑	49 W	股东资本	75 W
机器与设备	33 W	利润留存	7 W
在建工程	0 W	年度净利	16 W
固定资产合计	82 W	所有者权益合计	98 W
资产总计	250 W	负债和所有者权益总计	250 W

A 企业第三年税前利润为 22 W，企业所得税为 5.5 W(22×25%)，四舍五入为 6 W。在此基础上，如果 A 企业再增加一次贴现操作，产生 1 W 的贴现费用，会导致财务费用增加 1 W，相应的，税前利润减少 1 W，也就是 21 W，企业所得税为 5.25 W(21×25%)，四舍五入为 5 W。虽然净利润依旧为 16 W，当年权益也是 98 W，但是与前者相比，A 企业多出了一笔由贴现产生的现金，现金流将会更加宽裕。变化后情况如表 5-45 至表 5-47 所示。

表 5-45 综合费用表

项　目	金额
管理费	4 W
广告费	37 W
设备维护费	10 W
转产费	0 W
租金	0 W
市场准入开拓费	0 W
产品研发费	0 W
ISO 认证费	0 W
信息费	0 W
其他	0 W
合计	51 W

表 5-46 利润表

项　目	金额
销售收入	188 W
直接成本	85 W
毛利	103 W
综合费用	51 W
折旧前利润	52 W
折旧	18 W
支付利息前利润	34 W
财务费用	13 W
税前利润	22 W
企业所得税	5 W
净利润	16 W

表 5-47 资产负债表

项目	金额	项目	金额
现金	59 W	长期负债	39 W
应收账款	108 W	短期负债	107 W
在制品	0 W	特别贷款	0 W
产成品	0 W	应交税费	5 W
原材料	0 W	—	
流动资产合计	167 W	负债合计	151 W
土地和建筑	49 W	股东资本	75 W
机器与设备	33 W	利润留存	7 W
在建工程	0 W	年度净利	16 W
固定资产合计	82 W	所有者权益合计	98 W
资产总计	249 W	负债和所有者权益总计	249 W

七、原材料采购表制作

在沙盘大赛中，使用采购表来计算原材料可以最大限度地避免因为人为计算失误而导致的成绩损失，下面就给大家介绍如何编制一张完整的采购表。我们需要把报表的框架先搭好。报表一共分为五个部分，分别是原料订单区、现有原料区、生产计划区、原料紧急采购区和产品构成区。

在 Excel 中新建一张空表，将 B2～U27 格框出，构成采购表的主要区域；将 C29～G34 格框出，构成产品构成区，如图 5-1 和图 5-2 所示。

	B	C	D	E	F	G	H	I	J	K	L	M	N	O	P	Q	R	S	T	U
2	原料订单						现有原料				生产计划				原料紧急采购					
3			R1	R2	R3	R4	R1	R2	R3	R4	P1	P2	P3	P4			R1	R2	R3	R4
4	第一年	1Q													第一年	1Q				
5		2Q					0	0								2Q				
6		3Q					0	0	0	0						3Q				
7		4Q					0	0	0	0						4Q				
8	第二年	1Q					0	0	0	0					第二年	1Q				
9		2Q					0	0	0	0						2Q				
10		3Q					0	0	0	0						3Q				
11		4Q					0	0	0	0						4Q				
12	第三年	1Q					0	0	0	0					第三年	1Q				
13		2Q					0	0	0	0						2Q				
14		3Q					0	0	0	0						3Q				
15		4Q					0	0	0	0						4Q				
16	第四年	1Q					0	0	0	0					第四年	1Q				
17		2Q					0	0	0	0						2Q				
18		3Q					0	0	0	0						3Q				
19		4Q					0	0	0	0						4Q				
20	第五年	1Q					0	0	0	0					第五年	1Q				
21		2Q					0	0	0	0						2Q				
22		3Q					0	0	0	0						3Q				
23		4Q					0	0	0	0						4Q				
24	第六年	1Q					0	0	0	0					第六年	1Q				
25		2Q					0	0	0	0						2Q				
26		3Q					0	0	0	0						3Q				
27		4Q					0	0	0	0						4Q				

图 5-1 采购表主要区域

图 5-1 中 B3～C27 填写的是年份和季度；D3～G27 填写的是订购原材料的数量；H3～K27 填写的是企业现有的原材料库存情况；L3～O27 填写的是企业当年的生产计划；R3～

	C	D	E	F	G
29	产品构成				
30		R1	R2	R3	R4
31	P1				
32	P2				
33	P3				
34	P4				

图 5-2　产品构成区域

U27 填写的是紧急采购原材料的情况。

采购表编制起来非常简单，只需要在现有原料区输入 4 个公式就可以了。由于 R1、R2 原料的提前期是 1 个季度，所以我们从第一年的第二季度开始编制，选中代表第一年第二季度 R1 的格子(H5)键入以下公式：＝第一年第一季度的库存＋第一年第一季度下的 R1 原料的订单＋第一年第二季度紧急采购的 R1 数量－第一年第二季度生产 P1 需要的 R1－第一年第二季度生产 P2 需要的 R1－第一年第二季度生产 P3 需要的 R1－第一年第二季度生产 P4 需要的 R1，即＝D4＋H4＋R5－(L5＊＄D＄31＋M5＊＄D＄32＋N5＊＄D＄33＋O5＊＄D＄34)。这里需要注意的是由于 R1 列的公式原理都相同，为了使用 Excel 的一键填充功能，我们在编制公式时，需要为产品构成区中的单元格加上绝对引用符号(＄)。在英文模式下输入 shift＋数字 4 可以得到＄符号，被＄符号框中的位置在填充过程中不改变。键入完公式后，拉动单元格右下角拖到底，就完成了对 R1 行的编写。

选中代表第一年第二季度 R2 的格子键入以下公式：＝第一年第一季度的库存＋第一年第一季度下的 R2 原料的订单＋第一年第二季度紧急采购的 R2 数量－第一年第二季度生产 P1 需要的 R2－第一年第二季度生产 P2 需要的 R2－第一年第二季度生产 P3 需要的 R2－第一年第二季度生产 P4 需要的 R2，即＝I4＋S5＋E4－(L5＊＄E＄31＋M5＊＄E＄32＋N5＊＄E＄33＋O5＊＄E＄34)。键入完后自动填充即可。

R3、R4 由于订购提前期是两个季度，所以我们从第一年第三季度的格子开始编写。选中代表第一年第三季度 R3 的格子键入以下公式：＝第一年第二季度的库存＋第一年第一季度下的 R3 原料的订单＋第一年第三季度紧急采购的 R3 数量－第一年第三季度生产 P1 需要的 R3－第一年第三季度生产 P2 需要的 R3－第一年第三季度生产 P3 需要的 R3－第一年第三季度生产 P4 需要的 R3，即＝J5＋F4＋T6－(L6＊＄F＄31＋M6＊＄F＄32＋N6＊＄F＄33＋O6＊＄F＄34)。键入完后自动填充即可。

选中代表第一年第三季度 R4 的格子键入以下公式：＝第一年第二季度的库存＋第一年第一季度下的 R4 原料的订单＋第一年第三季度紧急采购的 R4 数量－第一年第三季度生产 P1 需要的 R4－第一年第三季度生产 P2 需要的 R4－第一年第三季度生产 P3 需要的 R4－第一年第三季度生产 P4 需要的 R4，即＝G4＋＋K5＋U6－(L6＊＄G＄31＋M6＊＄G＄32＋N6＊＄G＄33＋O6＊＄G＄34)。键入完后自动填充即可。

第四节 案例分析

一、案例分析一

1. 规则解析

本案例规则如表 5-48 所示。

表 5-48 规 则

一、生产线

名称	投资总额	每季投资额	安装周期	生产周期	总转产费用	转产周期	维修费	残值	折旧费	折旧时间
手工线	4 W	5 W	无	2 季	0 W	0 季	1 W/年	1 W	1 W	5 季
自动线	12 W	5 W	3 季	1 季	2 W	1 季	1 W/年	6 W	3 W	5 季
柔性线	16 W	5 W	4 季	1 季	0 W	0 季	2 W/年	8 W	4 W	5 季
租赁线	0 W	0 W	无	1 季	2 W	1 季	7 W/年	−6 W	0 W	0 季

二、融资

贷款类型	贷款时间	贷款额度	年息	还款方式
长期贷款	每年年初	所有长短贷之和不超过上年权益 3 倍	10.0%	年初付息，到期还本
短期贷款	每季度初		5.0%	到期一次还本付息
资金贴现	任何时间	视应收款额	1、2 季 10.0% 3、4 季 12.5%	变现时贴息

三、厂房

名称	购买价格	租金	出售价格	容量
大厂房	30 W	4 W	30 W	6 条生产线
小厂房	20 W	3 W	20 W	4 条生产线
库存拍卖	100.0%(产品) 80.0%(原料)			

四、产品研发

名称	开发费	开发时间	加工费	直接成本	产品组成
P1	1 W/季	2 季	1 W	2 W	R1×1
P2	1 W/季	2 季	1 W	3 W	R1×1；R3×1
P3	1 W/季	3 季	1 W	4 W	R1×1；R2×1；R4×1
P4	1 W/季	3 季	1 W	5 W	R2×1；R3×2；R4×1

五、市场开拓

本地	1 W/年	1 年
区域	1 W/年	1 年
国内	1 W/年	1 年
亚洲	1 W/年	3 年
国际	1 W/年	4 年

（续表）

六、ISO资格认证			八、重要参数			
名称	开发费	开发时间	违约金比例	0.2	最大厂房数量	4个
IS09000	1 W/年	2年	产品折价率	1	原料折价率	0.8
IS014000	1 W/年	2年	竞单时间	90秒	竞单同竞数	3
七、原料设置			初始现金	72 W	管理费	1 W
名称	购买单价	提前期	信息费	1 W	企业所得税率	0.25
R1	1 W	1季	最大长贷年限	5年	最小得单广告额	1 W
R2	1 W	1季	原料紧急采购倍数	2倍	产品紧急采购倍数	3倍
R3	1 W	2季	选单时间	45秒	首位选单补时	15秒
R4	1 W	2季	市场同开数量	2个	市场老大	无

1）生产线规则

手工线投资总额4 W，残值2 W，一年安装的手工线最后一年卖线无费用，第二年开产最后能卖线省去维修费用。单这一点来看，手工线是一个比较不错的选择，既可以用来开局，又可以用来补充产能。

自动线投资总额12 W，安装周期3季度，第一年提前生产只能多出一个产品，并不划算，但是最后一年可以无损卖出，综合起来看也可以考虑。1 W的维修费有很大的优势，适合用来开局。如果有能够大批量使用自动线上线的产品，则自动线是一个不错的考虑。

柔性线投资总额16 W，安装周期4季度，无法提前生产，因此使用柔性线开局会被限制得比较死。同时，2 W的维修费在本套规则中不占优势，可见柔性线比手工线和自动线用起来差。

租赁线维修费7 W，残值－6 W，在最后一年用来补充产能是一个很好的选择。

2）厂房规则

大厂房：购买价格30 W，租金4 W，容量6条生产线。

小厂房：购买价格20 W，租金3 W，容量4条生产线。

厂房也比较友好，低廉的价格配上顶级的容量，怎么组合都没有特别的问题，在购买价格上也没有出现小＋小≤大的情况。因此，各种方案的选择余地都很大。

3）产品规则

P1产品：1 W开发费，开发时间2季度。

P2产品：1 W开发费，开发时间2季度。

P3产品：1 W开发费，开发时间3季度。

P4产品：1 W开发费，开发时间3季度。

原料组成上，P2、P3和P3、P4互通的成分更多一些，P2、P4原料匹配度不高。因此，P3的数量应该会大于P2、P4。

整体来看，开发费相当低廉，尤其是P3、P4，但是美中不足的是P3、P4的开发时间都是3季，无法和手工线配合产出1季度交货产品。同时，因为P1的开发时间是2季，无法形成产品配合，所以开局布线规划上比较紧凑，我们可以选择自动线、手工线开局。产品预测上，本次比赛 4 种产品同开的研发费仅为 10 W，结合参赛组数一共为 12 个组，预计做 P2、P4 的组数应该在 8 个组左右，做 P1、P3 的组数大概在 10 组左右。

4）初始资金

初始资金 72 W 不是特别充裕，但是规则上各个项目的费用都有明显的减少，所以这个现金流应该也够用了，不算特别紧张。其中，第一年、第二年的现金流应该会比较宽裕。

2. 市场解析

本次比赛的组数为 12 组，因此根据 12 组的情况来分析市场，如表 5-49 所示。

表 5-49 市场预测表

均价							
序号	年份	产品	本地	区域	国内	亚洲	国际
1	第二年	P1	5.37 W	4.95 W	5.13 W	0 W	0 W
2	第二年	P2	7.20 W	7.38 W	7.31 W	0 W	0 W
3	第二年	P3	9.08 W	9.13 W	9.08 W	0 W	0 W
4	第二年	P4	10.42 W	10.11 W	10.67 W	0 W	0 W
5	第三年	P1	4.68 W	4.83 W	4.88 W	5.14 W	0 W
6	第三年	P2	7.54 W	7.30 W	7.35 W	0 W	0 W
7	第三年	P3	8.80 W	8.65 W	8.74 W	8.62 W	0 W
8	第三年	P4	10.14 W	10.33 W	10.21 W	10.12 W	0 W
9	第四年	P1	5.12 W	5.16 W	5.27 W	5.18 W	5.14 W
10	第四年	P2	7.50 W	7.48 W	7.52 W	7.50 W	7.50 W
11	第四年	P3	9.05 W	9.24 W	9.10 W	9.25 W	9.39 W
12	第四年	P4	11.61 W	11.75 W	11.57 W	11.41 W	11.65 W
需求量							
序号	年份	产品	本地	区域	国内	亚洲	国际
1	第二年	P1	27 个	20 个	15 个	0 个	0 个
2	第二年	P2	15 个	13 个	13 个	0 个	0 个
3	第二年	P3	12 个	15 个	12 个	0 个	0 个
4	第二年	P4	12 个	9 个	9 个	0 个	0 个
5	第三年	P1	25 个	24 个	24 个	22 个	0 个
6	第三年	P2	13 个	23 个	20 个	0 个	0 个
7	第三年	P3	15 个	17 个	19 个	24 个	0 个
8	第三年	P4	14 个	15 个	14 个	24 个	0 个
9	第四年	P1	26 个	25 个	26 个	22 个	29 个
10	第四年	P2	20 个	25 个	23 个	20 个	20 个
11	第四年	P3	20 个	21 个	21 个	20 个	18 个
12	第四年	P4	18 个	20 个	14 个	17 个	20 个

（续表）

订单数量							
序号	年份	产品	本地	区域	国内	亚洲	国际
1	第二年	P1	10 张	8 张	7 张	0 张	0 张
2	第二年	P2	7 张	6 张	6 张	0 张	0 张
3	第二年	P3	5 张	6 张	5 张	0 张	0 张
4	第二年	P4	5 张	5 张	4 张	0 张	0 张
5	第三年	P1	9 张	10 张	10 张	7 张	0 张
6	第三年	P2	6 张	9 张	9 张	0 张	0 张
7	第三年	P3	6 张	7 张	7 张	8 张	0 张
8	第三年	P4	6 张	6 张	6 张	8 张	0 张
9	第四年	P1	10 张	11 张	11 张	9 张	12 张
10	第四年	P2	9 张	10 张	10 张	9 张	9 张
11	第四年	P3	9 张	9 张	9 张	9 张	8 张
12	第四年	P4	9 张	8 张	7 张	9 张	10 张

(1) 均价：第二年、第三年 P3 的利润都不错；第四年的时候 P4 全面提升，单产均利达到 6.5 W，因此可以预见第四年的 P4 市场应该会竞争十分激烈。

(2) 需求量：第二年组均 14 个、第三年组均 24 个、第四年组均 35 个。整体市场呈现大幅上涨的趋势，因此开局就变得极为重要，如果第二年没能获得特别高的净利润，那么第三、第四年可能会出现乏力的现象。再结合第二年的组均量十分稀少，且各组现金流宽裕的情况下，本次比赛在第二年做完就会出现分层，甚至分出胜负。因此，各组在开局方案上需要好好设计。

(3) 订单数量：第二年各产品的订单数量并不理想。每个市场的订单数量都小于组数，代表着每个市场都需要付出一定的竞争成本才能获得订单，因此第二年的广告费需要有所侧重，进行取舍。混单的广告策略会输得很惨。后面几年市场逐渐扩大，订单数量有所增加，但是也只能基本维持在 1 组 1 单的水平。因此头部效应会比较明显，有资金的小组，会在后面两年的广告竞争中占据不错的优势。

(4) 详单：第二年第一季度交货的订单比较少，第二、第三年都是第二、第三季度交货的订单比较多，第四年是第二、第四季度交货的订单比较多。因此有资金的小组优势会比较明显，低广告费拿第一、第二季度交货的订单，高广告费拿第三、第四季度交货的订单。通过合理的高低广告费组合，可以很轻松地处理完第四季度交货的订单。因此，在产能设计上，第二年 14 个，第三年 24 个，最后一年 40～45 个，可能是最后获胜者比较合理的产能组合。

所以根据上述分析，这套市场规则在制订方案的时候适合使用自动线为主，第一年第三季度可以适当做几条手工线做 P1 去拿第一季度交货的 P1 订单。产品选择的话建议做 P1、P2 组合，可以搭配一个高端产品，但是一定要做好准备第二年进入另外一个高端产品。开局的时候，自动线上不要放太多 P3、P4，不然万一 1 个产品拥挤，就很难调度。后期每年尽量多定原材料，加手工线或适当加点租赁线也行。广告额度第三年要根据第二年的情况，尽量不要太多；在这一年应保存力量，进行生产线的建设和产能扩张，在最后一年爆发。当然最后一年也要根据第三年其他组的利润情况，不过最后一年很有可能会出现分层的广告。

同时，由于订单详单的账期不是特别有优势，因此如何梳理现金流，也是各组必须认真考虑的问题。

3. 比赛过程分析

第一年结束后间谍情况如表 5-50 所示。

表 5-50 间谍情况

组号	研发产品	生产线情况	库存情况（含 1 季下货）
1	P1、P2、P3	8 条自动线(3P1、2P2、3P3)	无
2	P3、P4	1 条柔性线、4 条自动线(2P3、2P4)	2P4
3	P1、P2、P4(P4 剩 1 季)	4 条手工线、4 条自动线(1P1、3P2)	5P1、3P2
4	P1、P3	5 条手工线、2 条自动线(P3)	5P1
5	P3、P4	2 条柔性线、4 条自动线(2P3、2P4)	无
6	P1、P3、P4(P4 剩 1 季)	4 条手工线、4 条自动线(2P1、2P3)	3P1
7	P1、P4	4 条手工线、4 条自动线(2P1、2P4)	3P1
8	P1、P2、P3	1 条柔性线、6 条自动线(2P1、2P2、2P3)	无
9	P1、P2、P3	1 条柔性线、5 条手工线、2 条自动线(2P3)	3P1、2P2
10	P1、P2、P3	6 条自动线(2P1、2P2、2P3)	无
11	P1、P2、P3、P4	2 条柔性线、4 条自动线(2P3、2P4)	无
12	P3、P4	1 条柔性线、5 条自动线(3P4、2P3)	无
合计	9P1		
	6P2		
	10P3		
	5P4		

1）间谍信息分析

第一年间谍工作完成后，可以发现 P1、P3 的实际情况与预计的差不多，P2、P4 的数量会比预计的少一点。其主要原因是有几组选择了 P3、P4 一起做，导致 P2 被放空。但是由于 P2 第二年的订单数量为 7 张、6 张、6 张，所以 P2 也不会特别空。但是这里看下来，P3、P4 一起做的组在市场规则的分析上出现了一些问题，让自己在第二年陷入了一个比较尴尬的境地。P1 的“512”(数量 5 个、交货期 1 季、账期 2 季)的订单因为有两个组可以拿出，所以第三组和第四组需要在数量和交货期上进行一些博弈。第一组的 8 条自动线可能在产能设计上不是很合理，会导致大批量的库存情况，在第二年很难获得很好的效果。而且在进行规则市场分析后可以知道，第二年是本场比赛比较关键的年份，因此这样看来第一组、第二组、第五组和第十二组在选择策略上是有一些失误的。

2) 第二年广告解析（以第五组为例）

通过间谍能发现第五组做的是 P3 和 P4，生产线是 4 条自动线 2 条柔性线，产能和灵活性都比较适中，就是做的 P3 和 P4 从方案风险上来说还是有点高的。但是因为做 P4 的只有 7 组，所以广告上面应该把 P4 作为重点，而 P3 由于组数比较多，所以可以适当地选择放弃 1、2 个市场，或者投入少量广告进行划单。

从详单上来看，P3 本地的订单质量是比较差的，就一张“434”（数量 4 个，交货期 3 季，账期 4 季）是比较好的，其他都是交货期为 2 季的订单，很可能会导致投了很多广告，却没有能拿到的订单的情况。第五组没有提前生产，所以没有第一季度交货的产品。因此，除非能保证自己直接投到第一，否则相对于本地来说，国内和区域订单的可选性就比较大了。所以我们可以把 P3 的重心放在国内或区域上。

然后再看 P4 的详单，就能发现 P4 的广告比较好投放。各市场的订单数量为 5 张、5 张、4 张，前两个市场都是能划单（投 1 W 广告费就能拿到订单）的，那我们就可以把 P4 广告的额度集中在国内，尽量抢到一张订单，然后在本地和区域一个额度稍微高一点，另外一个额度稍微低一点或者索性投 1 W 划单。对于 P3，我们打算把重心放在国内和区域上，并放弃本地。考虑到市场广告的因素，我们在 P4 上同样也可以把重心放在区域和国内上，在国内投 6 W 左右的广告费，区域投 3、4 W 的广告费避免自己拿数量为 1 个的订单，然后本地投 1 W 划单。对于 P3，我们可以在国内投放 10 W 左右的广告费，然后本地放弃或者投 1 W 或 2 W 的广告费。剩下的资金全投在区域上。如果剩下的资金比较少，那就投 1 W 或 2 W 划单。由于开局就做高端产品，因此第二年只要卖的差不多，并不需要担心利润的问题。就算稍微有点库存，下一年也能继续卖，因此没必要在 P3 和 P4 上面太浪费广告费。

实际第五组广告投放情况如表 5-51 所示。

表 5-51　H05 广告投放情况

产品	本地	区域	国内	亚洲	国际
P1	0	0	0	0	0
P2	0	0	0	0	0
P3	8	6	0	0	0
P4	2	6	0	0	0

本地市场

组号	01	02	04	05	06	07	08	09	10	11	12
P3	4	6	3	8	0	0	0	0	0	8	11
P4	0	4	0	2	0	4	0	0	0	1	3

（续表）

区域市场											
组号	01	02	04	05	06	07	08	09	10	11	12
P3	0	9	6	6	9	0	6	10	7	0	1
P4	0	9	0	6	0	4	0	0	0	1	3
国内市场											
组号	01	02	04	05	06	07	08	09	10	11	12
P3	4	0	0	8	0	0	9	0	7	2	1
P4	0	1	0	0	0	5	0	0	0	7	10

根据实际投放的广告来看，第五组的思路还是有点问题的。可以看出，第五组在P3上面投放了很多的广告，但是把国内放弃了，说明其思路是在比较差的市场拿一张第四季度交货的订单；在P4上投放的广告就稍微偏混一点，广告额不是很高，导致两种产品都比较难出售。这样投的风险实际上是很高的，最大的不确定因素就是本地P3能否拿到那种数量为4个的第三季度交货的订单。实际上该组并没有拿到这类订单。这就导致该组为了拿区域的一张“122”（数量1个，交货期2季，账期2季）订单，丢失了本地“322”（数量3个，交货期2季，账期2季）订单，只拿一张“224”（数量2个，交货期2季，账期4季）订单，并且我们是可以发现这个4季账期对于其影响也是比较大的。在P4上该组还放弃了一张订单。首先，自己少了一张P4的订单；其次，让另一组只投了1 W的广告费就拿到了一张P4订单。广告策略失误导致了该组第二年的利润很低。

4. 运营过程

运营过程如表5-52所示。

表5-52 运营过程

组别	年份	生产线	销售产品	数量	毛利	净利	综合费用	广告费
第一组	第一年	8条自动线（3P1、2P2、3P3）	P1、P2、P3				18 W	
	第二年	8条自动线（3P1、2P2、3P3）	P1、P2、P3	8P1、4P2、3P3	58 W	10 W	38 W	22 W
	第三年	8条自动线（3P1、2P2、3P3）	P1、P2、P3	9P1、10P2、7P3	103 W	16 W	42 W	27 W
	第四年	8条自动线（3P1、2P2、3P3）	P1、P2、P3	14P1、12P2、10P3	150 W	51 W	70 W	42 W
第二组	第一年	1条柔性线、4条自动线（2P3、2P4）	P3、P4				19 W	
	第二年	1条柔性线、4条自动线（2P3、2P4）	P3、P4	5P3、6P4	57 W	4 W	43 W	29 W

（续表）

组别	年份	生产线	销售产品	数量	毛利	净利	综合费用	广告费
第二组	第三年	1 条柔性线、4 条自动线(2P3、2P4)	P3、P4	8P3、12P4	100 W	16 W	55 W	42 W
	第四年	1 条柔性线、4 条自动线(2P3、2P4)、2 条租赁线(P2)	P2、P3、P4	7P2、9P3、9P4	151 W	31 W	90 W	62 W
第三组	第一年	4 条手工线、4 条自动线(1P1、3P2)	P1、P2				24 W	
	第二年	4 条手工线、4 条自动线(1P1、3P2)	P1、P2	13P1、7P2	73 W	15 W	36 W	18 W
	第三年	4 条手工线、4 条自动线(1P1、3P2)、2 条租赁线(P4)、1 条租赁线(P2)	P1、P2、P4	16P1、9P2、9P4	134 W	40 W	58 W	20 W
	第四年	4 条手工线、4 条自动线(1P1、3P2)、2 条租赁线(P4)、3 条租赁线(P2)	P1、P2、P4	24P1、13P2、9P4	193 W	61 W	95 W	55 W
第四组	第一年	5 条手工线、2 条自动线(P3)	P1、P3				23 W	
	第二年	5 条手工线、2 条自动线(P3)	P1、P3	11P1、3P3	50 W	−5 W	41 W	25 W
	第三年	5 条手工线、2 条自动线(P3)	P1、P3	12P1、11P3	87 W	12 W	49 W	33 W
	第四年	8 条手工线、2 条自动线(P3)	P1、P3	14P1、10P3	98 W	35 W	49 W	38 W
第五组	第一年	2 条柔性线、4 条自动线(2P3、2P4)	P3、P4				17 W	
	第二年	2 条柔性线、4 条自动线(2P3、2P4)	P3、P4	3P3、5P4	27 W	−23 W	44 W	22 W
	第三年	2 条柔性线、4 条自动线(2P3、2P4)	P3、P4	1P3、6P4	37 W	−27 W	24 W	8 W
	第四年				0	0	0	0
第六组	第一年	4 条手工线、4 条自动线(2P1、2P3)	P1、P3				21 W	
	第二年	4 条手工线、4 条自动线(2P1、2P3)	P1、P3	9P1、3P3	44 W	1 W	36 W	20 W

（续表）

组别	年份	生产线	销售产品	数量	毛利	净利	综合费用	广告费
第六组	第三年	4条手工线、4条自动线(2P1、2P3)	P1、P3	13P1、8P3	77 W	9 W	38 W	23 W
	第四年	4条手工线、4条自动线(2P1、2P3)	P1、P3、P4	13P1、12P3、7P4	152 W	67 W	55 W	39 W
第七组	第一年	4条手工线、4条自动线(2P1、2P4)	P1、P4				20 W	
	第二年	4条手工线、4条自动线(2P1、2P4)	P1、P4	7P1、7P4	59 W	13 W	36 W	20 W
	第三年	4条手工线、4条自动线(2P1、2P4)	P1、P4	12P1、15P4	110 W	29 W	47 W	29 W
	第四年	4条手工线、4条自动线(2P1、2P4)3条自动线(P2)	P1、P2、P4	14P1、10P2、10P4	166 W	69 W	63 W	44 W
第八组	第一年	1条柔性线、6条自动线(2P1、2P2、2P3)	P1、P2、P3				18 W	
	第二年	1条柔性线、6条自动线(2P1、2P2、2P3)	P1、P2、P3	5P1、5P2、6P3	67 W	10 W	46 W	27 W
	第三年	1条柔性线、6条自动线(2P1、2P2、2P3)1条手工线	P1、P2、P3、P4	11P1、9P2、8P3、4P4	126 W	33 W	45 W	31 W
	第四年	1条柔性线、6条自动线、9条手工线、1条租赁线(P2)、1条租赁线(P4)	P1、P2、P3、P4	13P1、13P2、11P3、10P4	223 W	54 W	127 W	72 W
第九组	第一年	1条柔性线、5条手工线、2条自动线(2P3)	P1、P2、P3				23 W	
	第二年	1条柔性线、5条手工线、2条自动线(2P3)	P1、P2、P3	7P1、8P2、4P3	72 W	18 W	42 W	24 W
	第三年	1条柔性线、9条手工线、2条自动线(2P3)	P1、P2、P3	7P1、11P2、5P3	96 W	15 W	52 W	28 W
	第四年	1条柔性线、9条手工线、2条自动线(2P3)、2条自动线(P2)	P1、P2、P3、P4	8P1、13P2、9P3、7P4	180 W	58 W	77 W	57 W
第十组	第一年	6条自动线(2P1、2P2、2P3)	P1、P2、P3				18 W	
	第二年	6条自动线(2P1、2P2、2P3)、3条手工线	P1、P2、P3	4P1、9P2、4P3	72 W	12 W	51 W	30 W

（续表）

组别	年份	生产线	销售产品	数量	毛利	净利	综合费用	广告费
第十组	第三年	6 条自动线(2P1、2P2、2P3)、4 条手工线	P1、P2、P3	9P1、12P2、10P3	126 W	25 W	57 W	36 W
	第四年	6 条自动线(2P1、2P2、2P3)、7 条手工线、2 条租赁线(P2)	P1、P2、P3、P4	12P1、16P2、12P3、4P4	197 W	51 W	109 W	61 W
第十一组	第一年	2 条柔性线、4 条自动线(2P3、2P4)	P1、P2、P3、P4				21 W	
	第二年	2 条柔性线、4 条自动线(2P3、2P4)	P1、P2、P3、P4	3P2、4P3、4P4	57 W	5 W	43 W	21 W
	第三年	2 条柔性线、4 条自动线(2P3、2P4)	P1、P2、P3、P4	3P2、5P3、9P4	92 W	29 W	28 W	15 W
	第四年	2 条柔性线、4 条自动线(2P3、2P4)1 条手工线	P1、P2、P3、P4	5P2、10P3、14P4	168 W	58 W	75 W	50 W
第十二组	第一年	1 条柔性线、5 条自动线(3P4、2P3)	P3、P4				17 W	
	第二年	1 条柔性线、5 条自动线(3P4、2P3)	P3、P4	4P3、8P4	62 W	11 W	44 W	29 W
	第三年	1 条柔性线、5 条自动线(3P4、2P3)	P3、P4	12P3、12P4	120 W	23 W	55 W	41 W
	第四年	1 条柔性线、5 条自动线(3P4、2P3)、5 条租赁线(P2)、4 条手工线	P2、P3、P4	16P2、17P3、16P4	267 W	63 W	160 W	98 W

第二年选完订单后，需要考虑的内容还是比较多的：

(1) 如何扩张产能来补充产能达到极速增加的均产需求？

(2) 如何新增产品研发来分散新增的产能，达到减少广告费的目的？

(3) 在订单账期不佳的情况下，如何稳住现金流，减少各类贴现费用，平衡好开源和节流？

第一个问题：如何扩张产能？

由于各组开局的定产都比较大，因此在第二年末的时候，各组都有着一定量的库存积累，那么第三年的主要精力就应该放在处理这些库存产品上。而且在积压如此多库存的情况下，各组的现金流都不会特别顺畅，因此加线方案一般不会考虑第二年加实线（自动线、柔性线）。第三年如果盲目上租赁线，也会导致产能超标，所以也不是很推荐。因此各组可以考虑的两个思路应该是：①清理库存，梳理现金流；②准备一些手工线的原材料，适当增加产能。

第二个问题：如何研发产品？

根据第一年的间谍信息来看：生产 P1 的有 9 个小组；生产 P2 的有 6 个小组；生产 P3 的

有 10 个小组；生产 P4 的有 5 个小组。结合第三年、第四年的订单信息来看，第三年 P2、第四年的 P2 和 P4，存在很大的机会。因此没有研发 P2、P4 的小组应该选择尽早介入，去瓜分多余的订单，减少目前市场占据者的优势。

第三个问题：如何稳定现金流？

各组可以考虑的两种方法是：①通过合理的订单交货，调整订单交单顺序，对货款到账的时间合理安排，争取尽早收回资金。②减少开支，稳定度过第二年，保证第二年有一个合理的权益增长，在第三年通过贷款理顺现金流，并进行生产线的建设。

5. 总结

对第七组和第八组进行复盘，分析最后为什么第七组在最后一年超过了第八组。从每年的报表中我们能看出前三年第七组和第八组每年利润都差不多，但他们的方案和思路其实是有很大不同的。

第七组的方案是第一年“4 自＋2 手”做 P1、P4，第八组的是第一年直接 7 条实线做 P1、P2、P3，第二年再进的 P4 市场，从第八组第二年很果断地就进入 P4 市场来看，他们组的方案思路是很明确的，已经想好了如何应对第二年 P3 竞争激烈的情况。

仅从两组第二、第三年的广告与销售额来看，他们也是非常相近的，但我们再结合他们的生产线来看，一组“4 自＋4 手”，一组“6 自＋1 柔”，就第二年费用来说，无疑是第七组的费用比较高，但他们的利润又差不多，只能说明第八组花费了更多的广告在 P3 上了。

就全年来看，很容易发现，第七组没有几笔贴现，但是第八组每年都在贴，还贴得不少。原因就是第八组的生产线压力比较大，并且第八组第三年开始就 P3、P4 两个高端产品一起做了，大大地增加了现金流的压力。而第三年第七组毫无压力地加出了 3 条自动线，第八组只能最后一年加手工线，所以同样是 1 W 的维护，第八组只有一个产能，而第七组就能有 3 个产能。并且在最后一年的时候，第七组开局建的 4 条手工线不会产生任何费用，等于平白多了 8 个产能，这样一点点地累计起来才导致了第八组最后一年利润和第七组差了 15 W 利润。

如果第八组能在第三年再研发 P4，可能效果会好一点。理由有两个：①减少权益损耗，增加贷款额度，梳理现金流，减少贴息；②第三年，减少 P4 广告费投入，将有限的资金集中在 P2 上，能够卖出更多的产品，也能在第三年取得更大的优势。

二、案例分析二

本案例规则如表 5-53 所示。

表 5-53　规则

一、生产线										
名称	投资总额	每季投资额	安装周期	生产周期	总转产费用	转产周期	维修费	残值	折旧费	折旧时间
超级手工线	4 W	4 W	无	2 季	0 W	0 季	1 W	2 W	1 W	3 季
自动线	15 W	5 W	3 季	1 季	2 W	1 季	2 W	6 W	3 W	4 季
租赁线	0 W	0 W	无	1 季	2 W	1 季	6 W	－8 W	0 W	0 季
柔性线	18 W	6 W	3 季	1 季	0 W	0 季	2 W	6 W	4 W	4 季

（续表）

二、融资

贷款类型	贷款时间	贷款额度	年息	还款方式
长期贷款	每年年初	所有长短贷之和不超过上年权益 3 倍	9.0%	年初付息，到期还本
短期贷款	每季度初		6.0%	到期一次还本付息
资金贴现	任何时间	视应收款额	1、2 季 9.0% 3、4 季 11.5%	变现时贴息

三、厂房

名称	购买价格	租金	出售价格	容量
大厂房	29 W	4 W	29 W	4 条生产线
中厂房	21 W	3 W	21 W	3 条生产线
小厂房	15 W	2 W	15 W	2 条生产线
库存拍卖	100.0%(产品);80.0%(原料)			

四、产品研发

名称	开发费	开发时间	加工费	直接成本	产品组成
P1	1 W/季	2 季	1 W	2 W	R1×1
P2	2 W/季	2 季	1 W	3 W	R2×1;R3×1
P3	2 W/季	3 季	1 W	4 W	R2×1;R4×1
P4	3 W/季	3 季	1 W	5 W	R2×1;R1×1;R4×1

五、市场开拓

本地	1 W/年	1 年
区域	1 W/年	1 年
国内	1 W/年	1 年
亚洲	1 W/年	2 年
国际	1 W/年	3 年

六、ISO 资格认证

名称	开发费	开发时间
ISO9000	1 W/年	1 年
ISO14000	2 W/年	2 年

七、原料设置

名称	购买单价	提前期
R1	1 W	1 季
R2	1 W	1 季
R3	1 W	2 季
R4	2 W	2 季

八、重要参数

违约金比例	0.2	最大厂房数量	4 个
产品折价率	1	原料折价率	0.8
竞单时间	90 秒	竞单同竞数	3
初始现金	77 W	管理费	1 W
信息费	1 W	企业所得税率	0.25
最大长贷年限	3 年	最小得单广告额	1 W
原料紧急采购倍数	2 倍	产品紧急采购倍数	3 倍
选单时间	45 秒	首位选单补时	15 秒
市场同开数量	2 个	市场老大	无

本案例市场信息如表 5-54 所示。

表 5-54　市场预测表

均价						
年份	产品	本地市场	区域市场	国内市场	亚洲市场	国际市场
2	P1	5.31 W	4.96 W	5.28 W	0.00 W	0.00 W
2	P2	6.69 W	7.35 W	7.00 W	0.00 W	0.00 W

（续表）

年份	产品	本地市场	区域市场	国内市场	亚洲市场	国际市场
2	P3	7.96 W	8.38 W	0.00 W	0.00 W	0.00 W
2	P4	11.23 W	0.00 W	10.71 W	0.00 W	0.00 W
3	P1	4.60 W	4.54 W	0.00 W	4.92 W	0.00 W
3	P2	0.00 W	6.27 W	6.41 W	6.68 W	0.00 W
3	P3	8.19 W	0.00 W	7.82 W	0.00 W	0.00 W
3	P4	9.33 W	0.00 W	9.70 W	9.47 W	0.00 W
4	P1	5.15 W	5.03 W	5.03 W	0.00 W	5.04 W
4	P2	6.68 W	0.00 W	6.83 W	7.04 W	0.00 W
4	P3	8.88 W	8.68 W	7.20 W	8.26 W	0.00 W
4	P4	0.00 W	9.71 W	9.95 W	0.00 W	9.44 W

需求量

年份	产品	本地市场	区域市场	国内市场	亚洲市场	国际市场
2	P1	29 个	25 个	18 个	0 个	0 个
2	P2	16 个	17 个	19 个	0 个	0 个
2	P3	23 个	13 个	0 个	0 个	0 个
2	P4	13 个	0 个	14 个	0 个	0 个
3	P1	30 个	28 个	0 个	26 个	0 个
3	P2	0 个	22 个	27 个	19 个	0 个
3	P3	32 个	0 个	34 个	0 个	0 个
3	P4	21 个	0 个	10 个	19 个	0 个
4	P1	34 个	30 个	33 个	0 个	27 个
4	P2	31 个	0 个	24 个	23 个	0 个
4	P3	17 个	19 个	5 个	38 个	0 个
4	P4	0 个	14 个	19 个	0 个	16 个

订单数

年份	产品	本地市场	区域市场	国内市场	亚洲市场	国际市场
2	P1	11 张	10 张	8 张	0 张	0 张
2	P2	8 张	7 张	9 张	0 张	0 张
2	P3	9 张	6 张	0 张	0 张	0 张
2	P4	6 张	0 张	6 张	0 张	0 张
3	P1	11 张	8 张	0 张	12 张	0 张
3	P2	0 张	9 张	10 张	7 张	0 张

（续表）

年份	产品	本地市场	区域市场	国内市场	亚洲市场	国际市场
3	P3	11 张	0 张	11 张	0 张	0 张
3	P4	9 张	0 张	5 张	9 张	0 张
4	P1	11 张	9 张	11 张	0 张	10 张
4	P2	9 张	0 张	10 张	8 张	0 张
4	P3	8 张	8 张	3 张	12 张	0 张
4	P4	0 张	7 张	7 张	0 张	5 张

1. 规则市场分析

从规则上来看，超级手工线投资总额 4 W，残值 2 W，第一年上线最后一年卖线无损失；自动线和柔性线投资总额较高，维修费为 2 W，建设周期为 3 季，导致无法第一年上线生产产品，且最后一年卖线会产生损失，无法赚取维修费。厂房整体买价较便宜，贴息与常规规则相比有所降低，可以推断出手工线的优势较大。需要留意的是，R4 原材料的买价、贷款的利息以及贴现的贴息与常规规则不同，不能记错。

从市场上来看，本场比赛的市场为逐年变大的市场，利润比较正常。但是从详单上看，由于部分市场存在一些单价特别低的废单，所以实际上这个市场的涨幅并没有看到的那么。如果把废单去掉，这个市场的利润还是比较可观的。

去除废单之后的真实市场数据如表 5-55 所示。

表 5-55　市场数据表

均价						
年份	产品	本地市场	区域市场	国内市场	亚洲市场	国际市场
2	P1	5.31 W	5.36 W	5.28 W	0.00 W	0.00 W
2	P2	7.46 W	7.35 W	7.53 W	0.00 W	0.00 W
2	P3	8.55 W	8.38 W	0.00 W	0.00 W	0.00 W
2	P4	11.23 W	0.00 W	10.71 W	0.00 W	0.00 W
3	P1	4.96 W	4.96 W	0.00 W	5.22 W	0.00 W
3	P2	0.00 W	6.94 W	7.05 W	6.88 W	0.00 W
3	P3	8.57 W	0.00 W	8.50 W	0.00 W	0.00 W
3	P4	10.12 W	0.00 W	10.11 W	10.06 W	0.00 W
4	P1	5.62 W	5.42 W	5.27 W	0.00 W	5.38 W
4	P2	7.11 W	0.00 W	7.24 W	7.26 W	0.00 W
4	P3	9.40 W	9.24 W	9.33 W	8.87 W	0.00 W
4	P4	0.00 W	10.50 W	9.95 W	0.00 W	10.50 W

（续表）

需求量						
年份	产品	本地市场	区域市场	国内市场	亚洲市场	国际市场
2	P1	29个	22个	18个	0个	0个
2	P2	13个	17个	17个	0个	0个
2	P3	20个	13个	0个	0个	0个
2	P4	13个	0个	14个	0个	0个
3	P1	26个	24个	0个	23个	0个
3	P2	0个	16个	20个	17个	0个
3	P3	28个	0个	28个	0个	0个
3	P4	17个	0个	9个	16个	0个
4	P1	29个	26个	30个	0个	24个
4	P2	27个	0个	21个	19个	0个
4	P3	15个	17个	3个	31个	0个
4	P4	0个	12个	19个	0个	12个
订单数						
年份	产品	本地市场	区域市场	国内市场	亚洲市场	国际市场
2	P1	11张	9张	8张	0张	0张
2	P2	7张	7张	8张	0张	0张
2	P3	8张	6张	0张	0张	0张
2	P4	6张	0张	6张	0张	0张
3	P1	9张	7张	0张	10张	0张
3	P2	0张	7张	7张	6张	0张
3	P3	10张	0张	9张	0张	0张
3	P4	8张	0张	4张	8张	0张
4	P1	10张	8张	10张	0张	9张
4	P2	8张	0张	9张	7张	0张
4	P3	7张	7张	2张	10张	0张
4	P4	0张	6张	7张	0张	4张

2. 比赛方案推荐

根据市场规则的趋势走的话，可以选择第一年上4～8条手工线，第二年第一季度根据获取订单的情况再多加手工线，或者3、4条手工线加2、3条实线开局的方案做P1、P2，然后第二年根据P3、P4市场情况选择进入其中一个。

从另外一个角度思考，由于P3、P4的研发壁垒较高，现金流的限制大，所以在正常开局方案的选择中，P3、P4 最多选择一种，再搭配 P1、P2 开局，并且 P3、P4 研发季度都为 3 季，手工线生产 P3、P4 难度较大，所以可以直接使用纯实线做 P3、P4 的方案。可以看到，P3、P4 订单数量最大的为 4 个，并且能够发现首单和次单之间的差距还是比较大的，所以第二年可以多留一部分资金用来多投广告，从而压制其他做高端产品的组，奠定后几年的优势。

第二年间谍情况如表 5-56 所示。

表 5-56　间谍情况

组号	研发	生产线
01	P3、P4	2 条柔性线、3 条自动线，其中自动线 2 条做 P3，1 条做 P4
02	P1、P2、P3，P3 剩余 2 季	3 条自动线、5 条手工线，其中自动线 2 条做 P1、1 条做 P2，手工线一年三季在产 3P1、2P2
03	P1、P2	2 条自动线、2 条柔性线、4 条手工线，其中自动线 2 条做 P1，手工线一年三季在产 2P1、2P2
04	P1、P2、P3	3 条自动线、4 条手工线，其中自动线 3 条做 P1，手工线一年三季在产 2P1、2P2
05	P1、P2、P3、P4，P3、P4 都剩余 2 季	4 条自动线、4 条手工线，其中自动线 2 条做 P1、2 条做 P2，手工线一年三季在产 2P1、2P2
06	P1、P2	4 条自动线、4 条手工线，其中自动线 2 条做 P1、2 条做 P2，手工线一年三季在产 3P1、1P2
07	P1、P3	4 条自动线、3 条手工线，其中自动线 2 条做 P1、2 条做 P3，手工线一年三季在产 3P1
08	P1、P2、P3，P3 剩余 2 季	8 条手工线，手工线一年三季在产 4P1、4P2
09	P1、P2、P3，P3 剩余 2 季	9 条手工线，手工线一年三季在产 5P1、4P2
10	P1、P3、P4	3 条自动线、3 条手工线，其中自动线 2 条做 P3、1 条做 P4，手工线一年三季在产 3P1
11	P1、P2、P4	3 条自动线、4 条手工线，其中自动线 1 条做 P1、1 条做 P2、1 条做 P4，手工线一年三季在产 4P2
12	P1、P3、P4，P1 剩余 1 季	2 条自动线、3 条柔性线，其中自动线 1 条做 P3、1 条做 P4

从表 5-56 中可以看出，合计共有 11 组研发 P1，8 组研发 P2，9 组研发 P3 且有 5 组可以在第二年生产出 P3，5 组研发 P4 且有 4 组可以在第二年生产出 P4。

3. 以第十二组为例讲解广告投放思路

第十二组的方案是“2 自＋3 柔”，生产 P3、P4，第二年共有 15 个产能。

分析间谍信息，第二年做 P3 的组数为 5 组，做 P4 的组数为 4 组，属于比较空的产品，把废单去除后，依旧能保证一组 1 W 广告费至少能拿一张单。P4 的利润比较高，广告投放的时候两个市场每个都投 1、2 W 广告费进行划单也能够获得足够的收益，但是第十二组所制定的广告思路是第二年保留充足的资金去拿 P3、P4 的首单。从优先抢交货期为 4 季的订单的角度考虑，依据详单，本地市场 P4 首单能拿一张总价 46 W、数量 4 个、交货期 4 季、账期 1 季的订单。第二个可以抢一张总价 44 W、数量 4 个、交货期 4 季、账期 1 季的订单，首次单利润差距不是很大，就差 2 点。但第三个抢的话所获的利润就会大大降低，只能拿数量为 2 个的订单，并且账期还是 4 季，第二个抢和第三个抢订单所带来的利润差距就有 12 W。所以本地目标应定为首单或次单。可以预料到的是，本地 P4 广告额会呈现出一种分层的状况，高的高，低的低。再看到区域 P4 首单能拿一张总价 42 W、数量 4 个、交货期 4 季、账期 0 季的订单，次单是一张总价 35 W、数量 3 个、交货期 2 季、账期 0 季的订单。从利润来看，这两张订单一张赚 20 W、一张赚 22 W，也就是说，如果拿 35 W 的"320"只少赚 2 点但是多一个 P4 的库存，当然也要考虑到交期的优劣。但是对于第十二组来说，这并不是问题，其影响的只是 P3 能不能拿数量超过 2 个的 2 季交货期的订单。所以对于第十二组来说，区域市场首单和次单差距同样不是很大。从报表上来看，很显然第十二组的资金是比较充足的。至此，第十二组的广告思路就比较明确了。

第二年 P3、P4 广告投放情况如表 5-57 所示。

表 5-57　广告投放情况

第二年本地市场						
组号 / 产品	01	04	07	10	11	12
P3	2 W	1 W	8 W	4 W	0 W	3 W
P4	2 W	0 W	0 W	4 W	17 W	11 W
第二年区域市场						
组号 / 产品	01	04	07	10	11	12
P3	8 W	6 W	4 W	4 W	0 W	9 W
P4	0 W	0 W	0 W	0 W	0 W	0 W
第二年国内市场						
组号 / 产品	01	04	07	10	11	12
P3	0 W	0 W	0 W	0 W	0 W	0 W
P4	1 W	0 W	0 W	4 W	2 W	8 W

第十二组在第二年 P4 本地投了 11 W，被第十一组压制，但也压制了第一组和第十组；国内投了 8 W，压制了其他组。虽然看上去广告投放效果不太理想，但实际上因为本地次单和第三张单带来的利润差距有 12 W，国内次单和第三张单带来的利润差距有 9 W。第十二组只要保证是前两个组选单，依旧会比第三个选单的小组的利润高，甚至还能多拿一轮回单。这样高额的广告投放也能有效压制其他组，确保他们无法在 P4 市场上追上自己，能很好地奠定之后几年的发展。

如果测算 P4 可以卖 10 个(4＋4＋1＋1)的话，P3 只需卖掉 5 个。根据详单来看，P3 在本地市场大概率可以用较低的广告费拿到数量为 3 个的订单，区域去除废单后只有一张数量为 3 个的订单，其他订单数量都为 2 个。看起来恰好满足第十二组的需求，但是仔细观察会发现，区域市场数量为 3 个的首单交货期为 4 季、账期为 0 季，其他数量为 2 个的订单价格没有优势并且账期都很长。所以第十二组转变思路，区域市场多投广告把首单“340”拿下来，实在不行再去拿数量为 2 个的订单，本地用较低的广告费拿到一张数量为 2 个或者 3 个的订单。在这一年第一组和第四组采用了同样的方案，所以第十二组的 9 W 广告费很巧妙地就压倒了 8 W 和 6 W。

4. 运营过程

运营过程如表 5-58 所示。

表 5-58 运营过程

组别	年份	方案	销售产品	数量	毛利	净利	综合费用	广告费
第一组	第一年	3 条自动线、2 条柔性线				−27 W	−27 W	
	第二年	3 条自动线、2 条柔性线	P3、P4	8 个	39 W	0 W	31 W	13 W
	第三年	3 条自动线、2 条柔性线	P3、P4	11 个	45 W	−9 W	22 W	5 W
	第四年	3 条自动线、2 条柔性线	P3、P4	19 个	79 W	11 W	36 W	17 W
第二组	第一年	3 条自动线、5 条手工线				−25 W	25 W	
	第二年	3 条自动线、5 条手工线	P1、P2	18 个	67 W	6 W	50 W	27 W
	第三年	3 条自动线、5 条手工线	P1、P2、P3	21 个	86 W	15 W	47 W	30 W
	第四年	3 条自动线、5 条手工线	P1、P2、P3	21 个	90 W	11 W	56 W	46 W
第三组	第一年	2 条自动线、2 条柔性线、4 条手工线				−22 W	22 W	
	第二年	2 条自动线、2 条柔性线、4 条手工线	P1、P2	15 个	58 W	−2 W	49 W	20 W
	第三年	2 条自动线、2 条柔性线、4 条手工线	P1、P2、P4	20 个	74 W	−5 W	46 W	25 W
	第四年	2 条自动线、2 条柔性线、4 条手工线	P1、P2、P4	29 个	100 W	30 W	41 W	27 W
第四组	第一年	3 条自动线、4 条手工线				−28 W	28 W	
	第二年	3 条自动线、4 条手工线	P1、P2、P3	11 个	46 W	−2 W	40 W	22 W
	第三年	3 条自动线、4 条手工线	P1、P2	17 个	61 W	2 W	33 W	18 W
	第四年	3 条自动线、4 条手工线	P1、P2、P3	23 个	87 W	27 W	42 W	28 W
第五组	第一年	4 条自动线、4 条手工线				−31 W	31 W	
	第二年	4 条自动线、4 条手工线	P1、P2	17 个	65 W	3 W	52 W	22 W
	第三年	4 条自动线、4 条手工线	P1、P2	15 个	52 W	−4 W	33 W	16 W
	第四年	4 条自动线、4 条手工线	P1、P2	26 个	87 W	22 W	45 W	33 W
第六组	第一年	4 条自动线、4 条手工线				−22 W	22 W	
	第二年	4 条自动线、4 条手工线	P1、P2	13 个	48 W	−6 W	43 W	23 W
	第三年	4 条自动线、4 条手工线	P1、P2	27 个	87 W	−5 W	55 W	30 W
	第四年	4 条自动线、4 条手工线	P1、P2	20 个	74 W	4 W	46 W	30 W

（续表）

组别	年份	方案	销售产品	数量	毛利	净利	综合费用	广告费
第七组	第一年	4 条自动线、3 条手工线				−23 W	23 W	
	第二年	4 条自动线、3 条手工线	P1、P3	16 个	61 W	6 W	44 W	25 W
	第三年	4 条自动线、3 条手工线	P1、P3	20 个	73 W	−1 W	48 W	32 W
	第四年	4 条自动线、3 条手工线	P1、P3	24 个	103 W	21 W	55 W	43 W
第八组	第一年	8 条手工线				−28 W	28 W	
	第二年	8 条手工线	P1、P2	12 个	48 W	−2 W	39 W	19 W
	第三年	8 条手工线	P1、P2、P3	17 个	65 W	19 W	29 W	16 W
	第四年	8 条手工线	P1、P2、P3	25 个	110 W	31 W	64 W	44 W
第九组	第一年	9 条手工线				−29 W	29 W	
	第二年	9 条手工线	P1、P2	12 个	47 W	−5 W	38 W	17 W
	第三年	9 条手工线	P1、P2、P3	15 个	57 W	9 W	27 W	13 W
	第四年	9 条手工线	P1、P2、P3	22 个	88 W	43 W	32 W	28 W
第十组	第一年	3 条自动线、3 条手工线				−34 W	34 W	
	第二年	3 条自动线、3 条手工线	P1、P3、P4	9 个	42 W	0 W	37 W	18 W
	第三年	3 条自动线、3 条手工线	P3、P4	15 个	72 W	15 W	29 W	17 W
	第四年	3 条自动线、3 条手工线	P3、P4	17 个	81 W	25 W	38 W	28 W
第十一组	第一年	3 条自动线、4 条手工线				−34 W	34 W	
	第二年	3 条自动线、4 条手工线	P1、P2、P4	15 个	77 W	14 W	53 W	32 W
	第三年	3 条自动线、4 条手工线	P1、P2、P4	27 个	113 W	17 W	67 W	37 W
	第四年	3 条自动线、4 条手工线	P1、P2、P4	34 个	149 W	23 W	90 W	56 W
第十二组	第一年	2 条自动线、3 条柔性线				−30 W	−30 W	
	第二年	2 条自动线、3 条柔性线	P3、P4	14 个	75 W	19 W	52 W	31 W
	第三年	2 条自动线、3 条柔性线＋1 条柔性线	P3、P4	23 个	116 W	19 W	69 W	44 W
	第四年	2 条自动线、4 条柔性线＋2 条手工线	P1、P3、P4	29 个	137 W	18 W	82 W	59 W

5. 大赛点评

第八组、第九组同为纯手工线，P1、P2、P3 开局，在方案选择、产品选择及战略布局上都高度相似。虽然所选产品竞争对手多，导致市场拥挤，但是由于手工线的优势，两组最后一年净利极高，最终都获得了不错的成绩。

第一组和第十二组同为自动线与柔性线组合，高端产品 P3、P4 开局，两组开局方案近似，但最终结果差异巨大。第一组的问题主要发生在第二年广告投放上。低端产品具备低利润、低广告、低竞争的普遍特点，高端产品具备高利润、高广告、高竞争的普遍特点。第二年的 P3、P4 市场看似较空，各组只要投放广告就都能有订单，但是仔细观察详单能够发现订单差异很大，优先选单和靠后选单能够获得的订单利润天差地别。第一组对于市场错误的乐观预测和对于详单的不充分了解，导致他们的广告策略出现了偏差，第二年一共只销售了8个产品。这样的销售额和利润不足以支撑企业正常发生的现金流，直接导致第三年缺乏资金投放广告，陷入恶性循环。第十二组与第一组的广告策略恰恰相反，对详单的针对性很强。第十二组每一年的广告额度都是很高。他们利用高额的广告，保证了订单较好的利润和账期，减少了资金贴现的次数。当然，与此同时第十二组也存在着广告虚高的情况，常常领先后面一组大量的广告费，在最后一年隐隐有将要被超越的迹象。通过间谍分析能够发现很多时候其他组已经没有充足的资金去和第十二组竞争广告。如果第十二组在广告上进行一部分的资金削减，那么就能轻松获得第一名了。

附录一　手工沙盘经营记录表及相关表单(空表)

经营记录表

公司________第一年经营

执行完每一项操作,CEO在相应的方格内打钩,财务总监填写相应现金流,生产(物流)总监填写相应产品(原材料)数。

	手工操作流程	系统操作	手工记录			
年初	支付应付税					
	支付长期贷款利息	系统自动				
	更新长期贷款/长期贷款还款					
	广告投放	输入广告费确认				
	参加订货会/登记订单	选单环节				
	申请长期贷款	输入贷款数额并确认				
▲1	季初盘点(请填余额)	当季开始				
2	更新短期贷款/短期贷款还本付息	系统自动				
	更新生产/产品完工/生产线完工/转产完工					
3	申请短期贷款	输入贷款数额并确认				
▲4	更新原材料订单/原材料入库	系统自动,需要确认金额				
5	下达原材料订单	输入并确认				
6	购置厂房	选择并确认,可租可买				
7	新建生产线					
8	在建生产线					
9	生产线转产	选择并确认				
10	变卖生产线					
11	开始下一批生产					
▲12	更新应收款/应收款收现	系统自动,需要确认金额				
13	按订单交货	选择交货订单确认				
14	产品研发投资	选择并确认				

（续表）

	手工操作流程	系统操作	手工记录			
15	厂房处理（买转租/退租/租转买）	买转租自动转四期应收账款				
▲16	当季结束（支付管理费/租金/产品生产资格换证）	确认后自动扣除相应费用，并自动检测产品研发情况				
17	紧急采购	可以随时进行项目				
18	出售库存					
19	厂房贴现					
20	应收款贴现					
21	间谍					
22	季末收入合计					
23	季末支出合计					
24	季末数额对账[(1)+(22)−(23)]					
年末	市场开拓	选择并确认				
	ISO资格投资	选择并确认				
	缴纳违约订单罚款	系统自动				
	支付设备维护费					
	计提折旧	系统自动（生产线净值）				
	结账					

注：▲为操作节点，确认后该步骤之前的步骤都不允许操作。

综合费用表

项　目	金额
管理费	
广告费	
设备维护费	
转产费	
租金	
市场准入开拓费	
产品研发费	
ISO认证费	
信息费	
其他	
合计	

利润表

项　目	金额
销售收入	
直接成本	
毛利	
综合费用	
折旧前利润	
折旧	
支付利息前利润	
财务费用	
税前利润	
所得税	
净利润	

资产负债表

项目	金额	项目	金额
现金		长期负债	
应收账款		短期负债	
在制品		特别贷款	
产成品		应交税费	
原材料		—	
流动资产合计		负债合计	
土地和建筑		股东资本	
机器与设备		利润留存	
在建工程		年度净利	
固定资产合计		所有者权益合计	
资产总计		负债和所有者权益总计	

第______年 订单登记表

序号										合计
市场										
产品										
数量										
交货期										
账期										
销售额										
成本										
毛利										

第______年 产品销售核算表

项目	P1	P2	P3	P4	P5	合计
数量						
销售额						
成本						
毛利						

经营记录表

公司__________第二年经营

执行完每一项操作，CEO在相应的方格内打钩，财务总监填写相应现金流，生产（物流）总监填写相应产品（原材料）数。

	手工操作流程	系统操作	手工记录			
年初	支付应付税	系统自动				
	支付长期贷款利息					
	更新长期贷款/长期贷款还款					
	广告投放	输入广告费确认				
	参加订货会/登记订单	选单环节				
	申请长期贷款	输入贷款数额并确认				
▲1	季初盘点（请填余额）	当季开始				
2	更新短期贷款/短期贷款还本付息	系统自动				
	更新生产/产品完工/生产线完工/转产完工					
3	申请短期贷款	输入贷款数额并确认				
▲4	更新原材料订单/原材料入库	系统自动，需要确认金额				
5	下达原材料订单	输入并确认				
6	购置厂房	选择并确认，可租可买				
7	新建生产线	选择并确认				
8	在建生产线					
9	生产线转产					
10	变卖生产线					
11	开始下一批生产					
▲12	更新应收款/应收款收现	系统自动，需要确认金额				
13	按订单交货	选择交货订单确认				
14	产品研发投资	选择并确认				
15	厂房处理（买转租/退租/租转买）	买转租自动转四期应收账款				
▲16	当季结束（支付管理费/租金/产品生产资格换证）	确认后自动扣除相应费用，并自动检测产品研发情况				

(续表)

	手工操作流程	系统操作	手工记录			
17	紧急采购	可以随时进行项目				
18	出售库存					
19	厂房贴现					
20	应收款贴现					
21	间谍					
22	季末收入合计					
23	季末支出合计					
24	季末数额对账[(1)+(22)−(23)]					
年末	市场开拓	选择并确认				
	ISO资格投资	选择并确认				
	缴纳违约订单罚款	系统自动				
	支付设备维护费					
	计提折旧	系统自动(生产线净值)				
	结账					

注:▲为操作节点,确认后该步骤之前的步骤都不允许操作。

综合费用表

项　目	金额
管理费	
广告费	
设备维护费	
转产费	
租金	
市场准入开拓费	
产品研发费	
ISO认证费	
信息费	
其他	
合计	

利润表

项　目	金额
销售收入	
直接成本	
毛利	
综合费用	
折旧前利润	
折旧	
支付利息前利润	
财务费用	
税前利润	
所得税	
净利润	

资产负债表

项目	金额	项目	金额
现金		长期负债	
应收账款		短期负债	
在制品		特别贷款	
产成品		应交税费	
原材料		—	
流动资产合计		负债合计	
土地和建筑		股东资本	
机器与设备		利润留存	
在建工程		年度净利	
固定资产合计		所有者权益合计	
资产总计		负债和所有者权益总计	

第______年　订单登记表

序号									合计
市场									
产品									
数量									
交货期									
账期									
销售额									
成本									
毛利									

第______年　产品销售核算表

项目	P1	P2	P3	P4	P5	合计
数量						
销售额						
成本						
毛利						

经营记录表

公司__________第三年经营

执行完每一项操作，CEO在相应的方格内打钩，财务总监填写相应现金流，生产(物流)总监填写相应产品(原材料)数。

	手工操作流程	系统操作	手工记录			
年初	支付应付税	系统自动				
	支付长期贷款利息					
	更新长期贷款/长期贷款还款					
	广告投放	输入广告费确认				
	参加订货会/登记订单	选单环节				
	申请长期贷款	输入贷款数额并确认				
▲1	季初盘点(请填余额)	当季开始				
2	更新短期贷款/短期贷款还本付息	系统自动				
	更新生产/产品完工/生产线完工/转产完工					
3	申请短期贷款	输入贷款数额并确认				
▲4	更新原材料订单/原材料入库	系统自动，需要确认金额				
5	下达原材料订单	输入并确认				
6	购置厂房	选择并确认，可租可买				
7	新建生产线	选择并确认				
8	在建生产线					
9	生产线转产					
10	变卖生产线					
11	开始下一批生产					
▲12	更新应收款/应收款收现	系统自动，需要确认金额				
13	按订单交货	选择交货订单确认				
14	产品研发投资	选择并确认				
15	厂房处理(买转租/退租/租转买)	买转租自动转四期应收账款				
▲16	当季结束(支付管理费/租金/产品生产资格换证)	确认后自动扣除相应费用，并自动检测产品研发情况				

（续表）

	手工操作流程	系统操作	手工记录			
17	紧急采购	可以随时进行项目				
18	出售库存					
19	厂房贴现					
20	应收款贴现					
21	间谍					
22	季末收入合计					
23	季末支出合计					
24	季末数额对账[(1)+(22)−(23)]					
年末	市场开拓	选择并确认				
	ISO资格投资	选择并确认				
	缴纳违约订单罚款	系统自动				
	支付设备维护费					
	计提折旧	系统自动(生产线净值)				
	结账					

注：▲为操作节点，确认后该步骤之前的步骤都不允许操作。

综合费用表

项　目	金额
管理费	
广告费	
设备维护费	
转产费	
租金	
市场准入开拓费	
产品研发费	
ISO认证费	
信息费	
其他	
合计	

利润表

项　目	金额
销售收入	
直接成本	
毛利	
综合费用	
折旧前利润	
折旧	
支付利息前利润	
财务费用	
税前利润	
所得税	
净利润	

资产负债表

项目	金额	项目	金额
现金		长期负债	
应收账款		短期负债	
在制品		特别贷款	
产成品		应交税费	
原材料		—	
流动资产合计		负债合计	
土地和建筑		股东资本	
机器与设备		利润留存	
在建工程		年度净利	
固定资产合计		所有者权益合计	
资产总计		负债和所有者权益总计	

第_________年　订单登记表

序号										合计
市场										
产品										
数量										
交货期										
账期										
销售额										
成本										
毛利										

第_________年　产品销售核算表

项目	P1	P2	P3	P4	P5	合计
数量						
销售额						
成本						
毛利						

经营记录表

公司__________第四年经营

执行完每一项操作，CEO在相应的方格内打钩，财务总监填写相应现金流，生产（物流）总监填写相应产品（原材料）数。

	手工操作流程	系统操作	手工记录			
年初	支付应付税	系统自动				
	支付长期贷款利息					
	更新长期贷款/长期贷款还款					
	广告投放	输入广告费确认				
	参加订货会/登记订单	选单环节				
	申请长期贷款	输入贷款数额并确认				
▲1	季初盘点（请填余额）	当季开始				
2	更新短期贷款/短期贷款还本付息	系统自动				
	更新生产/产品完工/生产线完工/转产完工					
3	申请短期贷款	输入贷款数额并确认				
▲4	更新原材料订单/原材料入库	系统自动，需要确认金额				
5	下达原材料订单	输入并确认				
6	购置厂房	选择并确认，可租可买				
7	新建生产线	选择并确认				
8	在建生产线					
9	生产线转产					
10	变卖生产线					
11	开始下一批生产					
▲12	更新应收款/应收款收现	系统自动，需要确认金额				
13	按订单交货	选择交货订单确认				
14	产品研发投资	选择并确认				
15	厂房处理（买转租/退租/租转买）	买转租自动转四期应收账款				
▲16	当季结束（支付管理费/租金/产品生产资格换证）	确认后自动扣除相应费用，并自动检测产品研发情况				

(续表)

	手工操作流程	系统操作	手工记录			
17	紧急采购	可以随时进行项目				
18	出售库存					
19	厂房贴现					
20	应收款贴现					
21	间谍					
22	季末收入合计					
23	季末支出合计					
24	季末数额对账[(1)+(22)-(23)]					
年末	市场开拓	选择并确认				
	ISO资格投资	选择并确认				
	缴纳违约订单罚款	系统自动				
	支付设备维护费					
	计提折旧	系统自动(生产线净值)				
	结账					

注:▲为操作节点,确认后该步骤之前的步骤都不允许操作。

综合费用表

项　目	金额
管理费	
广告费	
设备维护费	
转产费	
租金	
市场准入开拓费	
产品研发费	
ISO认证费	
信息费	
其他	
合计	

利润表

项　目	金额
销售收入	
直接成本	
毛利	
综合费用	
折旧前利润	
折旧	
支付利息前利润	
财务费用	
税前利润	
所得税	
净利润	

资产负债表

项目	金额	项目	金额
现金		长期负债	
应收账款		短期负债	
在制品		特别贷款	
产成品		应交税费	
原材料		—	
流动资产合计		负债合计	
土地和建筑		股东资本	
机器与设备		利润留存	
在建工程		年度净利	
固定资产合计		所有者权益合计	
资产总计		负债和所有者权益总计	

第__________年　订单登记表

序号										合计
市场										
产品										
数量										
交货期										
账期										
销售额										
成本										
毛利										

第__________年　产品销售核算表

项目	P1	P2	P3	P4	P5	合计
数量						
销售额						
成本						
毛利						

经营记录表

公司＿＿＿＿＿＿第五年经营

执行完每一项操作，CEO在相应的方格内打钩，财务总监填写相应现金流，生产(物流)总监填写相应产品(原材料)数。

	手工操作流程	系统操作	手工记录			
年初	支付应付税	系统自动				
	支付长期贷款利息					
	更新长期贷款/长期贷款还款					
	广告投放	输入广告费确认				
	参加订货会/登记订单	选单环节				
	申请长期贷款	输入贷款数额并确认				
▲1	季初盘点(请填余额)	当季开始				
2	更新短期贷款/短期贷款还本付息	系统自动				
	更新生产/产品完工/生产线完工/转产完工					
3	申请短期贷款	输入贷款数额并确认				
▲4	更新原材料订单/原材料入库	系统自动，需要确认金额				
5	下达原材料订单	输入并确认				
6	购置厂房	选择并确认，可租可买				
7	新建生产线	选择并确认				
8	在建生产线					
9	生产线转产					
10	变卖生产线					
11	开始下一批生产					
▲12	更新应收款/应收款收现	系统自动，需要确认金额				
13	按订单交货	选择交货订单确认				
14	产品研发投资	选择并确认				
15	厂房处理(买转租/退租/租转买)	买转租自动转四期应收账款				
▲16	当季结束(支付管理费/租金/产品生产资格换证)	确认后自动扣除相应费用，并自动检测产品研发情况				

（续表）

	手工操作流程	系统操作	手工记录			
17	紧急采购	可以随时进行项目				
18	出售库存					
19	厂房贴现					
20	应收款贴现					
21	间谍					
22	季末收入合计					
23	季末支出合计					
24	季末数额对账[(1)+(22)−(23)]					
年末	市场开拓	选择并确认				
	ISO资格投资	选择并确认				
	缴纳违约订单罚款	系统自动				
	支付设备维护费					
	计提折旧	系统自动(生产线净值)				
	结账					

注：▲为操作节点，确认后该步骤之前的步骤都不允许操作。

综合费用表

项　目	金额
管理费	
广告费	
设备维护费	
转产费	
租金	
市场准入开拓费	
产品研发费	
ISO认证费	
信息费	
其他	
合计	

利润表

项　目	金额
销售收入	
直接成本	
毛利	
综合费用	
折旧前利润	
折旧	
支付利息前利润	
财务费用	
税前利润	
所得税	
净利润	

资产负债表

项目	金额	项目	金额
现金		长期负债	
应收账款		短期负债	
在制品		特别贷款	
产成品		应交税费	
原材料		—	
流动资产合计		负债合计	
土地和建筑		股东资本	
机器与设备		利润留存	
在建工程		年度净利	
固定资产合计		所有者权益合计	
资产总计		负债和所有者权益总计	

第________年　订单登记表

序号										合计
市场										
产品										
数量										
交货期										
账期										
销售额										
成本										
毛利										

第________年　产品销售核算表

项目	P1	P2	P3	P4	P5	合计
数量						
销售额						
成本						
毛利						

经营记录表

公司________第六年经营

<table>
<tr><td colspan="7">执行完每一项操作,CEO 在相应的方格内打钩,财务总监填写相应现金流,生产(物流)总监填写相应产品(原材料)数。</td></tr>
<tr><td></td><td>手工操作流程</td><td>系统操作</td><td colspan="4">手工记录</td></tr>
<tr><td rowspan="6">年初</td><td>支付应付税</td><td rowspan="3">系统自动</td><td></td><td colspan="3" rowspan="6"></td></tr>
<tr><td>支付长期贷款利息</td><td></td></tr>
<tr><td>更新长期贷款/长期贷款还款</td><td></td></tr>
<tr><td>广告投放</td><td>输入广告费确认</td><td></td></tr>
<tr><td>参加订货会/登记订单</td><td>选单环节</td><td></td></tr>
<tr><td>申请长期贷款</td><td>输入贷款数额并确认</td><td></td></tr>
<tr><td>▲1</td><td>季初盘点(请填余额)</td><td>当季开始</td><td></td><td></td><td></td><td></td></tr>
<tr><td rowspan="2">2</td><td>更新短期贷款/短期贷款还本付息</td><td rowspan="2">系统自动</td><td></td><td rowspan="2"></td><td rowspan="2"></td><td rowspan="2"></td></tr>
<tr><td>更新生产/产品完工/生产线完工/转产完工</td><td></td></tr>
<tr><td>3</td><td>申请短期贷款</td><td>输入贷款数额并确认</td><td></td><td></td><td></td><td></td></tr>
<tr><td>▲4</td><td>更新原材料订单/原材料入库</td><td>系统自动,需要确认金额</td><td></td><td></td><td></td><td></td></tr>
<tr><td>5</td><td>下达原材料订单</td><td>输入并确认</td><td></td><td></td><td></td><td></td></tr>
<tr><td>6</td><td>购置厂房</td><td>选择并确认,可租可买</td><td></td><td></td><td></td><td></td></tr>
<tr><td>7</td><td>新建生产线</td><td rowspan="5">选择并确认</td><td></td><td></td><td></td><td></td></tr>
<tr><td>8</td><td>在建生产线</td><td></td><td></td><td></td><td></td></tr>
<tr><td>9</td><td>生产线转产</td><td></td><td></td><td></td><td></td></tr>
<tr><td>10</td><td>变卖生产线</td><td></td><td></td><td></td><td></td></tr>
<tr><td>11</td><td>开始下一批生产</td><td></td><td></td><td></td><td></td></tr>
<tr><td>▲12</td><td>更新应收款/应收款收现</td><td>系统自动,需要确认金额</td><td></td><td></td><td></td><td></td></tr>
<tr><td>13</td><td>按订单交货</td><td>选择交货订单确认</td><td></td><td></td><td></td><td></td></tr>
<tr><td>14</td><td>产品研发投资</td><td>选择并确认</td><td></td><td></td><td></td><td></td></tr>
<tr><td>15</td><td>厂房处理(买转租/退租/租转买)</td><td>买转租自动转四期应收账款</td><td></td><td></td><td></td><td></td></tr>
<tr><td>▲16</td><td>当季结束(支付管理费/租金/产品生产资格换证)</td><td>确认后自动扣除相应费用,并自动检测产品研发情况</td><td></td><td></td><td></td><td></td></tr>
</table>

（续表）

	手工操作流程	系统操作	手工记录			
17	紧急采购	可以随时进行项目				
18	出售库存					
19	厂房贴现					
20	应收款贴现					
21	间谍					
22	季末收入合计					
23	季末支出合计					
24	季末数额对账[(1)+(22)−(23)]					
年末	市场开拓	选择并确认				
	ISO资格投资	选择并确认				
	缴纳违约订单罚款	系统自动				
	支付设备维护费					
	计提折旧	系统自动(生产线净值)				
	结账					

注:▲为操作节点,确认后该步骤之前的步骤都不允许操作。

综合费用表

项　目	金额
管理费	
广告费	
设备维护费	
转产费	
租金	
市场准入开拓费	
产品研发费	
ISO认证费	
信息费	
其他	
合计	

利润表

项　目	金额
销售收入	
直接成本	
毛利	
综合费用	
折旧前利润	
折旧	
支付利息前利润	
财务费用	
税前利润	
企业所得税	
净利润	

资产负债表

项目	金额	项目	金额
现金		长期负债	
应收账款		短期负债	
在制品		特别贷款	
产成品		应交税费	
原材料		—	
流动资产合计		负债合计	
土地和建筑		股东资本	
机器与设备		利润留存	
在建工程		年度净利	
固定资产合计		所有者权益合计	
资产总计		负债和所有者权益总计	

第________年　订单登记表

序号										合计
市场										
产品										
数量										
交货期										
账期										
销售额										
成本										
毛利										

第________年　产品销售核算表

项目	P1	P2	P3	P4	P5	合计
数量						
销售额						
成本						
毛利						

附录二 电子沙盘经营记录表及相关表单(空表)

经营记录表

公司________第一年经营

执行完每一项操作,CEO在相应的方格内打钩,财务总监填写相应现金流,生产(物流)总监填写相应产品(原材料)数。

	手工操作流程	系统操作	手工记录			
年初	支付应付税	系统自动				
	支付长期贷款利息					
	更新长期贷款/长期贷款还款					
	广告投放	输入广告费确认				
	参加订货会/登记订单	选单环节				
	申请长期贷款	输入贷款数额并确认				
▲1	季初盘点(请填余额)	当季开始				
2	更新短期贷款/短期贷款还本付息	系统自动				
	更新生产/产品完工/生产线完工/转产完工					
3	申请短期贷款	输入贷款数额并确认				
▲4	更新原材料订单/原材料入库	系统自动,需要确认金额				
5	下达原材料订单	输入并确认				
6	购置厂房	选择并确认,可租可买				
7	新建生产线	选择并确认				
8	在建生产线					
9	生产线转产					
10	变卖生产线					
11	开始下一批生产					
▲12	更新应收款/应收款收现	系统自动,需要确认金额				
13	按订单交货	选择交货订单确认				
14	产品研发投资	选择并确认				

（续表）

	手工操作流程	系统操作	手工记录			
15	厂房处理（买转租/退租/租转买）	买转租自动转四期应收账款				
▲16	当季结束（支付管理费/租金/产品生产资格换证/缴纳违约订单罚款）	确认后自动扣除相应费用，并自动检测产品研发情况				
17	紧急采购	可以随时进行项目				
18	出售库存					
19	厂房贴现					
20	应收款贴现					
21	间谍					
22	季末收入合计					
23	季末支出合计					
24	季末数额对账[(1)+(22)−(23)]					
年末	市场开拓	选择并确认				
	ISO资格投资	选择并确认				
	支付设备维护费					
	计提折旧	系统自动（生产线净值）				
	结账					

注：▲为操作节点，确认后该步骤之前的步骤都不允许操作。

综合费用表

项　目	金额
管理费	
广告费	
设备维护费	
转产费	
租金	
市场准入开拓费	
产品研发费	
ISO认证费	
信息费	
其他	
合计	

利润表

项　目	金额
销售收入	
直接成本	
毛利	
综合费用	
折旧前利润	
折旧	
支付利息前利润	
财务费用	
税前利润	
企业所得税	
净利润	

资产负债表

项目	金额	项目	金额
现金		长期负债	
应收账款		短期负债	
在制品		特别贷款	
产成品		应交税费	
原材料		—	
流动资产合计		负债合计	
土地和建筑		股东资本	
机器与设备		利润留存	
在建工程		年度净利	
固定资产合计		所有者权益合计	
资产总计		负债和所有者权益总计	

第＿＿＿＿年　订单登记表

序号										合计
市场										
产品										
数量										
交货期										
账期										
销售额										
成本										
毛利										

第＿＿＿＿年　产品销售核算表

项目	P1	P2	P3	P4	P5	合计
数量						
销售额						
成本						
毛利						

经营记录表

公司＿＿＿＿＿第二年经营

执行完每一项操作，CEO 在相应的方格内打钩，财务总监填写相应现金流，生产（物流）总监填写相应产品（原材料）数。

	手工操作流程	系统操作	手工记录			
年初	支付应付税	系统自动				
	支付长期贷款利息					
	更新长期贷款/长期贷款还款					
	广告投放	输入广告费确认				
	参加订货会/登记订单	选单环节				
	申请长期贷款	输入贷款数额并确认				
▲1	季初盘点（请填余额）	当季开始				
2	更新短期贷款/短期贷款还本付息	系统自动				
	更新生产/产品完工/生产线完工/转产完工					
3	申请短期贷款	输入贷款数额并确认				
▲4	更新原材料订单/原材料入库	系统自动，需要确认金额				
5	下达原材料订单	输入并确认				
6	购置厂房	选择并确认，可租可买				
7	新建生产线	选择并确认				
8	在建生产线					
9	生产线转产					
10	变卖生产线					
11	开始下一批生产					
▲12	更新应收款/应收款收现	系统自动，需要确认金额				
13	按订单交货	选择交货订单确认				
14	产品研发投资	选择并确认				
15	厂房处理（买转租/退租/租转买）	买转租自动转四期应收账款				
▲16	当季结束（支付管理费/租金/产品生产资格换证/缴纳违约订单罚款）	确认后自动扣除相应费用，并自动检测产品研发情况				

(续表)

	手工操作流程	系统操作	手工记录			
17	紧急采购	可以随时进行项目				
18	出售库存					
19	厂房贴现					
20	应收款贴现					
21	间谍					
22	季末收入合计					
23	季末支出合计					
24	季末数额对账[(1)+(22)−(23)]					
年末	市场开拓	选择并确认				
	ISO资格投资	选择并确认				
	支付设备维护费					
	计提折旧	系统自动(生产线净值)				
	结账					

注:▲为操作节点,确认后该步骤之前的步骤都不允许操作。

综合费用表

项　目	金额
管理费	
广告费	
设备维护费	
转产费	
租金	
市场准入开拓费	
产品研发费	
ISO认证费	
信息费	
其他	
合计	

利润表

项　目	金额
销售收入	
直接成本	
毛利	
综合费用	
折旧前利润	
折旧	
支付利息前利润	
财务费用	
税前利润	
企业所得税	
净利润	

资产负债表

项目	金额	项目	金额
现金		长期负债	
应收账款		短期负债	
在制品		特别贷款	
产成品		应交税费	
原材料		—	
流动资产合计		负债合计	
土地和建筑		股东资本	
机器与设备		利润留存	
在建工程		年度净利	
固定资产合计		所有者权益合计	
资产总计		负债和所有者权益总计	

第________年 订单登记表

序号										合计
市场										
产品										
数量										
交货期										
账期										
销售额										
成本										
毛利										

第________年 产品销售核算表

项目	P1	P2	P3	P4	P5	合计
数量						
销售额						
成本						
毛利						

经营记录表

公司__________第三年经营

执行完每一项操作,CEO 在相应的方格内打钩,财务总监填写相应现金流,生产(物流)总监填写相应产品(原材料)数。

	手工操作流程	系统操作	手工记录			
年初	支付应付税	系统自动				
	支付长期贷款利息					
	更新长期贷款/长期贷款还款					
	广告投放	输入广告费确认				
	参加订货会/登记订单	选单环节				
	申请长期贷款	输入贷款数额并确认				
▲1	季初盘点(请填余额)	当季开始				
2	更新短期贷款/短期贷款还本付息	系统自动				
	更新生产/产品完工/生产线完工/转产完工					
3	申请短期贷款	输入贷款数额并确认				
▲4	更新原材料订单/原材料入库	系统自动,需要确认金额				
5	下达原材料订单	输入并确认				
6	购置厂房	选择并确认,可租可买				
7	新建生产线	选择并确认				
8	在建生产线					
9	生产线转产					
10	变卖生产线					
11	开始下一批生产					
▲12	更新应收款/应收款收现	系统自动,需要确认金额				
13	按订单交货	选择交货订单确认				
14	产品研发投资	选择并确认				
15	厂房处理(买转租/退租/租转买)	买转租自动转四期应收账款				
▲16	当季结束(支付管理费/租金/产品生产资格换证/缴纳违约订单罚款)	确认后自动扣除相应费用,并自动检测产品研发情况				

（续表）

	手工操作流程	系统操作	手工记录			
17	紧急采购					
18	出售库存					
19	厂房贴现	可以随时进行项目				
20	应收款贴现					
21	间谍					
22	季末收入合计					
23	季末支出合计					
24	季末数额对账[(1)+(22)−(23)]					
年末	市场开拓	选择并确认				
	ISO资格投资	选择并确认				
	支付设备维护费					
	计提折旧	系统自动(生产线净值)				
	结账					

注：▲为操作节点，确认后该步骤之前的步骤都不允许操作。

综合费用表

项　目	金额
管理费	
广告费	
设备维护费	
转产费	
租金	
市场准入开拓费	
产品研发费	
ISO 认证费	
信息费	
其他	
合计	

利润表

项　目	金额
销售收入	
直接成本	
毛利	
综合费用	
折旧前利润	
折旧	
支付利息前利润	
财务费用	
税前利润	
企业所得税	
净利润	

资产负债表

项目	金额	项目	金额
现金		长期负债	
应收账款		短期负债	
在制品		特别贷款	
产成品		应交税费	
原材料		—	
流动资产合计		负债合计	
土地和建筑		股东资本	
机器与设备		利润留存	
在建工程		年度净利	
固定资产合计		所有者权益合计	
资产总计		负债和所有者权益总计	

第________年 订单登记表

序号										合计
市场										
产品										
数量										
交货期										
账期										
销售额										
成本										
毛利										

第________年 产品销售核算表

项目	P1	P2	P3	P4	P5	合计
数量						
销售额						
成本						
毛利						

经营记录表

公司__________第四年经营

执行完每一项操作，CEO在相应的方格内打钩，财务总监填写相应现金流，生产（物流）总监填写相应产品（原材料）数。

	手工操作流程	系统操作	手工记录			
年初	支付应付税	系统自动				
	支付长期贷款利息					
	更新长期贷款/长期贷款还款					
	广告投放	输入广告费确认				
	参加订货会/登记订单	选单环节				
	申请长期贷款	输入贷款数额并确认				
▲1	季初盘点（请填余额）	当季开始				
2	更新短期贷款/短期贷款还本付息	系统自动				
	更新生产/产品完工/生产线完工/转产完工					
3	申请短期贷款	输入贷款数额并确认				
▲4	更新原材料订单/原材料入库	系统自动，需要确认金额				
5	下达原材料订单	输入并确认				
6	购置厂房	选择并确认，可租可买				
7	新建生产线	选择并确认				
8	在建生产线					
9	生产线转产					
10	变卖生产线					
11	开始下一批生产					
▲12	更新应收款/应收款收现	系统自动，需要确认金额				
13	按订单交货	选择交货订单确认				
14	产品研发投资	选择并确认				
15	厂房处理（买转租/退租/租转买）	买转租自动转四期应收账款				
▲16	当季结束（支付管理费/租金/产品生产资格换证/缴纳违约订单罚款）	确认后自动扣除相应费用，并自动检测产品研发情况				

(续表)

	手工操作流程	系统操作	手工记录			
17	紧急采购	可以随时进行项目				
18	出售库存					
19	厂房贴现					
20	应收款贴现					
21	间谍					
22	季末收入合计					
23	季末支出合计					
24	季末数额对账[(1)+(22)-(23)]					
年末	市场开拓	选择并确认				
	ISO资格投资	选择并确认				
	支付设备维护费					
	计提折旧	系统自动(生产线净值)				
	结账					

注:▲为操作节点,确认后该步骤之前的步骤都不允许操作。

综合费用表

项　目	金额
管理费	
广告费	
设备维护费	
转产费	
租金	
市场准入开拓费	
产品研发费	
ISO认证费	
信息费	
其他	
合计	

利润表

项　目	金额
销售收入	
直接成本	
毛利	
综合费用	
折旧前利润	
折旧	
支付利息前利润	
财务费用	
税前利润	
企业所得税	
净利润	

资产负债表

项目	金额	项目	金额
现金		长期负债	
应收账款		短期负债	
在制品		特别贷款	
产成品		应交税费	
原材料		—	
流动资产合计		负债合计	
土地和建筑		股东资本	
机器与设备		利润留存	
在建工程		年度净利	
固定资产合计		所有者权益合计	
资产总计		负债和所有者权益总计	

第________年　订单登记表

序号										合计
市场										
产品										
数量										
交货期										
账期										
销售额										
成本										
毛利										

第________年　产品销售核算表

项目	P1	P2	P3	P4	P5	合计
数量						
销售额						
成本						
毛利						

经营记录表

公司__________第五年经营

执行完每一项操作,CEO在相应的方格内打钩,财务总监填写相应现金流,生产(物流)总监填写相应产品(原材料)数。

	手工操作流程	系统操作	手工记录			
年初	支付应付税	系统自动				
	支付长期贷款利息					
	更新长期贷款/长期贷款还款					
	广告投放	输入广告费确认				
	参加订货会/登记订单	选单环节				
	申请长期贷款	输入贷款数额并确认				
▲1	季初盘点(请填余额)	当季开始				
2	更新短期贷款/短期贷款还本付息	系统自动				
	更新生产/产品完工/生产线完工/转产完工					
3	申请短期贷款	输入贷款数额并确认				
▲4	更新原材料订单/原材料入库	系统自动,需要确认金额				
5	下达原材料订单	输入并确认				
6	购置厂房	选择并确认,可租可买				
7	新建生产线	选择并确认				
8	在建生产线					
9	生产线转产					
10	变卖生产线					
11	开始下一批生产					
▲12	更新应收款/应收款收现	系统自动,需要确认金额				
13	按订单交货	选择交货订单确认				
14	产品研发投资	选择并确认				
15	厂房处理(买转租/退租/租转买)	买转租自动转四期应收账款				
▲16	当季结束(支付管理费/租金/产品生产资格换证/缴纳违约订单罚款)	确认后自动扣除相应费用,并自动检测产品研发情况				

（续表）

	手工操作流程	系统操作	手工记录			
17	紧急采购					
18	出售库存					
19	厂房贴现	可以随时进行项目				
20	应收款贴现					
21	间谍					
22	季末收入合计					
23	季末支出合计					
24	季末数额对账[(1)+(22)－(23)]					
年末	市场开拓	选择并确认				
	ISO 资格投资	选择并确认				
	支付设备维护费					
	计提折旧	系统自动(生产线净值)				
	结账					

注：▲为操作节点，确认后该步骤之前的步骤都不允许操作。

综合费用表

项　目	金额
管理费	
广告费	
设备维护费	
转产费	
租金	
市场准入开拓费	
产品研发费	
ISO 认证费	
信息费	
其他	
合计	

利润表

项　目	金额
销售收入	
直接成本	
毛利	
综合费用	
折旧前利润	
折旧	
支付利息前利润	
财务费用	
税前利润	
企业所得税	
净利润	

资产负债表

项目	金额	项目	金额
现金		长期负债	
应收账款		短期负债	
在制品		特别贷款	
产成品		应交税费	
原材料		—	
流动资产合计		负债合计	
土地和建筑		股东资本	
机器与设备		利润留存	
在建工程		年度净利	
固定资产合计		所有者权益合计	
资产总计		负债和所有者权益总计	

第______年　订单登记表

序号										合计
市场										
产品										
数量										
交货期										
账期										
销售额										
成本										
毛利										

第______年　产品销售核算表

项目	P1	P2	P3	P4	P5	合计
数量						
销售额						
成本						
毛利						

经营记录表

公司__________第六年经营

执行完每一项操作，CEO 在相应的方格内打钩，财务总监填写相应现金流，生产（物流）总监填写相应产品（原材料）数。

	手工操作流程	系统操作	手工记录			
年初	支付应付税	系统自动				
	支付长期贷款利息					
	更新长期贷款/长期贷款还款					
	广告投放	输入广告费确认				
	参加订货会/登记订单	选单环节				
	申请长期贷款	输入贷款数额并确认				
▲1	季初盘点（请填余额）	当季开始				
2	更新短期贷款/短期贷款还本付息	系统自动				
	更新生产/产品完工/生产线完工/转产完工					
3	申请短期贷款	输入贷款数额并确认				
▲4	更新原材料订单/原材料入库	系统自动，需要确认金额				
5	下达原材料订单	输入并确认				
6	购置厂房	选择并确认，可租可买				
7	新建生产线	选择并确认				
8	在建生产线					
9	生产线转产					
10	变卖生产线					
11	开始下一批生产					
▲12	更新应收款/应收款收现	系统自动，需要确认金额				
13	按订单交货	选择交货订单确认				
14	产品研发投资	选择并确认				
15	厂房处理（买转租/退租/租转买）	买转租自动转四期应收账款				
▲16	当季结束（支付管理费/租金/产品生产资格换证/缴纳违约订单罚款）	确认后自动扣除相应费用，并自动检测产品研发情况				

(续表)

	手工操作流程	系统操作	手工记录			
17	紧急采购	可以随时进行项目				
18	出售库存					
19	厂房贴现					
20	应收款贴现					
21	间谍					
22	季末收入合计					
23	季末支出合计					
24	季末数额对账[(1)+(22)-(23)]					
年末	市场开拓	选择并确认				
	ISO资格投资	选择并确认				
	支付设备维护费					
	计提折旧	系统自动(生产线净值)				
	结账					

注:▲为操作节点,确认后该步骤之前的步骤都不允许操作。

综合费用表

项　目	金额
管理费	
广告费	
设备维护费	
转产费	
租金	
市场准入开拓费	
产品研发费	
ISO认证费	
信息费	
其他	
合计	

利润表

项　目	金额
销售收入	
直接成本	
毛利	
综合费用	
折旧前利润	
折旧	
支付利息前利润	
财务费用	
税前利润	
企业所得税	
净利润	

资产负债表

项目	金额	项目	金额
现金		长期负债	
应收账款		短期负债	
在制品		特别贷款	
产成品		应交税费	
原材料		—	
流动资产合计		负债合计	
土地和建筑		股东资本	
机器与设备		利润留存	
在建工程		年度净利	
固定资产合计		所有者权益合计	
资产总计		负债和所有者权益总计	

第__________年　订单登记表

序号										合计
市场										
产品										
数量										
交货期										
账期										
销售额										
成本										
毛利										

第__________年　产品销售核算表

项目	P1	P2	P3	P4	P5	合计
数量						
销售额						
成本						
毛利						

附录三　手工沙盘任务书(第二套)

一、生产线

名称	投资总额	每季投资额	安装周期	生产周期	总转产费用	转产周期	维修费	残值	折旧费	折旧时间
手工线	5 W	5 W	无	2 季	0 W	0 季	1 W/年	1 W	1 W	5 季
自动线	15 W	5 W	3 季	1 季	2 W	1 季	2 W/年	3 W	3 W	5 季
柔性线	20 W	5 W	4 季	1 季	0 W	0 季	2 W/年	4 W	4 W	5 季
租赁线	0 W	0 W	无	1 季	2 W	1 季	6 W/年	−6 W	0 W	0 季

二、融资

贷款类型	贷款时间	贷款额度	年息	还款方式
长期贷款	每年年初	所有长短贷之和不超过上年权益 3 倍	10.0%	年初付息，到期还本
短期贷款	每季度初		5.0%	到期一次还本付息
资金贴现	任何时间	视应收款额	1、2 季 10.0%；3、4 季 12.5%	变现时贴息

三、厂房

名称	购买价格	租金	出售价格	容量
大厂房	40 W	4 W	40 W	6 条生产线
小厂房	30 W	3 W	30 W	4 条生产线

库存拍卖	100.0%(产品)；80.0%(原料)

四、产品研发

名称	开发费	开发时间	加工费	直接成本	产品组成
P1	1 W/季	2 季	1 W	2 W	R1×1
P2	1 W/季	4 季	1 W	3 W	R2×1；R3×1
P3	1 W/季	4 季	1 W	4 W	R1×1；R3×1；R4×1
P4	1 W/季	5 季	1 W	5 W	P1×1；R1×1；R3×1
P5	1 W/季	6 季	1 W	6 W	P2×1；R2×1；R4×1

五、市场开拓

本地	1 W/年	1 年
区域	1 W/年	1 年
国内	1 W/年	2 年
亚洲	1 W/年	3 年
国际	1 W/年	4 年

六、ISO 资格认证

名称	开发费	开发时间
ISO9000	1 W/年	2 年
ISO14000	2 W/年	2 年

七、原料设置

名称	购买单价	提前期
R1	1 W	1 季
R2	1 W	1 季
R3	1 W	2 季
R4	1 W	2 季

八、重要参数

违约金比例	0.2	最大厂房数量	4 个
产品折价率	1	原料折价率	0.8
竞单时间	90 秒	竞单同竞数	3
初始现金	80 W	管理费	1 W
信息费	1 W	企业所得税税率	0.25
最大长贷年限	5 年	最小得单广告额	1 W
原料紧急采购倍数	2 倍	产品紧急采购倍数	3 倍
选单时间	45 秒	首位选单补时	15 秒
市场同开数量	2 个	市场老大	无

一、第一年经营任务

微课：初始盘面

(一) 初始状态的设定

本企业经营模拟的不是一个初创企业，而是一个已经运营了 2 年的企业。虽然已经从

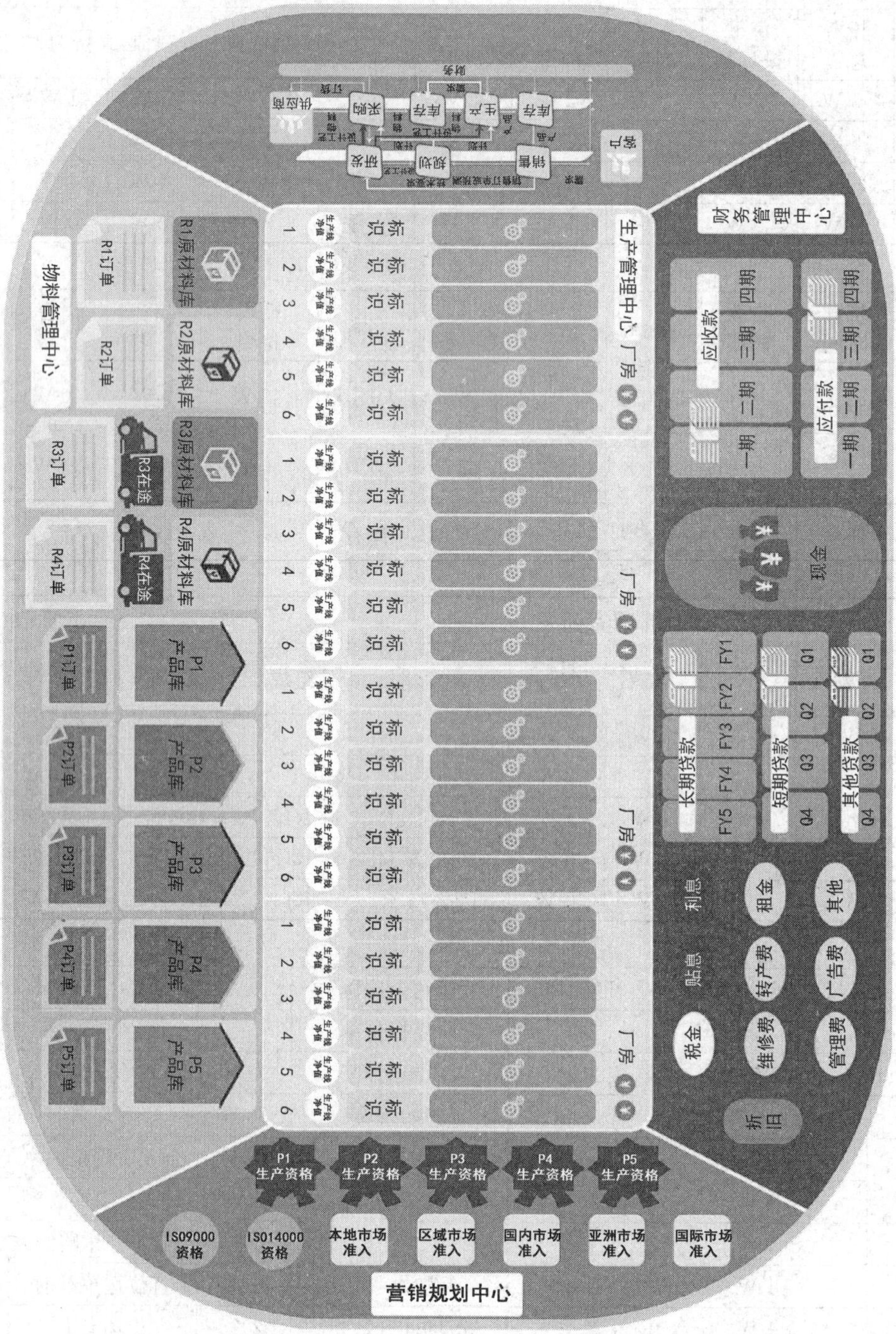

企业经营模拟沙盘

基本情况描述中获得了企业运营的基本信息,但还需要把这些枯燥的数字再展现到沙盘盘面上,从而为下一步的企业运营做好铺垫。通过初始状态设定,学员可以深刻地感受到财务数据与企业业务的直接相关性,理解财务数据是对企业运营情况的一种总结提炼,为今后“透过财务看经营”做好观念上的准备。下面我们按照步骤在沙盘上设定企业初始状态。

虽然从资产负债表和利润表这两张主要财务报表中可以了解企业的财务状况和经营成果,但不能得到更为细节的内容,如长期借款何时到期,应收账款何时回笼等。为了让大家有一个公平的竞争环境,需要统一设定模拟企业的初始状态。

1. 物流中心

1) 成品 6 W

P1 成品库中有 3 个成品,每个成品同样由 1 个 R1 原材料费 1 W 和人工费 1 W 构成。由生产总监、采购总监与财务总监配合制作 3 个 P1 成品并摆放到 P1 成品库中。

2) 原材料 3 W

R1 原材料库中有 3 个原材料,每个价值 1 W。由采购总监取 3 个空桶,每个空桶中分别放置 1 个 R1 原材料,并摆放到 R1 原材料库中。

3) 原材料订单

除以上需要明确表示价值外,还有已向供应商发出的采购订货,预定 R1 原材料 2 个,采购总监将两个空桶放置 R1 原材料订单处。

至此,物流中心的初始状态如下图所示。

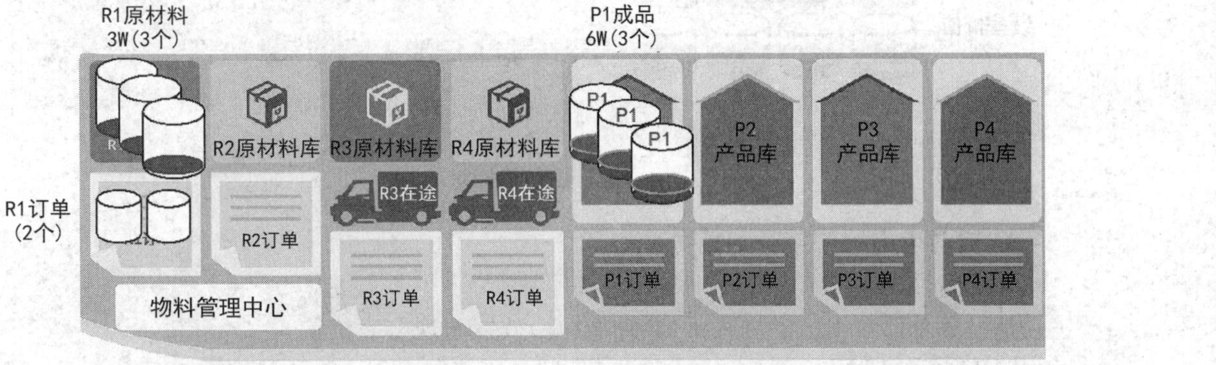

物流中心的初始状态

2. 生产中心

1) 大厂房 40 W

企业拥有自主厂房——大厂房,价值 40 W。请财务总监将等值资金用桶装好放置于大厂房价值处。

2) 设备价值 14 W

企业创办 3 年来,已购置了 4 条手工线并扣除折旧,目前手工线账面价值为 3 W。请财务总监取 4 个空桶,分别置入 4 W、4 W、3 W、3 W,并放置于生产线下方的“生产线净值”处。

3）在制品 8 W

在制品是处于加工过程中，尚未完成入库的产品。大厂房中有 4 条手工线，每条生产线上各有 1 个 P1。手工线有 2 个生产周期，靠近原材料库的为第一周期，4 条手工线上的 4 个 P1 在制品中有 2 个位于第一周期，2 个位于第二周期。

每个 P1 成本由两部分构成：R1 原材料费 1 W 和人工费 1 W，取一个空桶放置一个 R1 原材料（红色彩币）和一个人工费（灰币）构成一个 P1。由生产总监、采购总监与财务总监配合制作 4 个 P1 在制品，并摆放到生产线上的相应位置。

至此，生产中心的初始状态如下图所示。

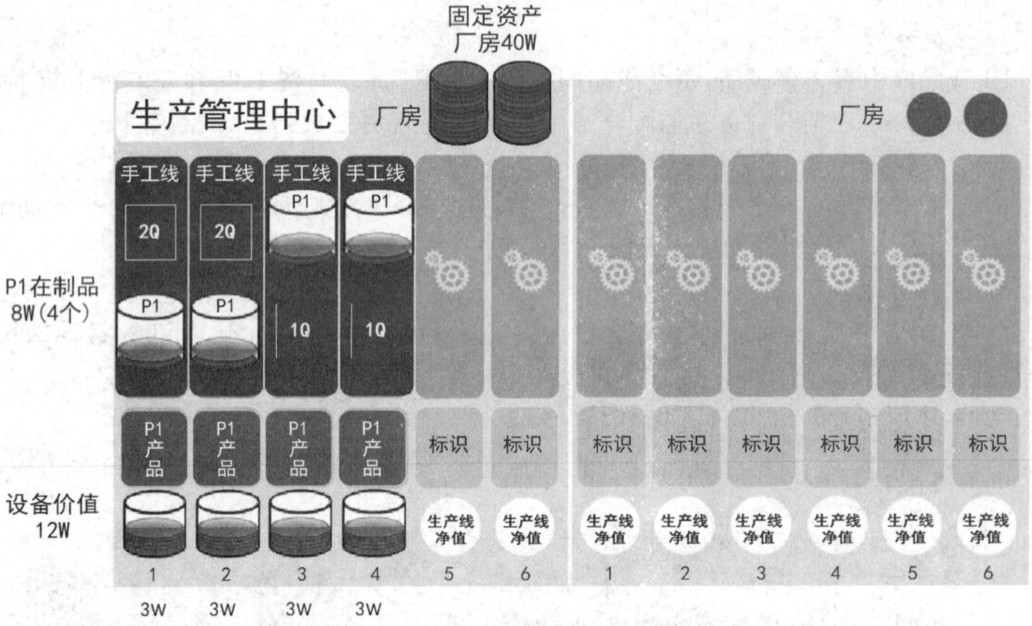

生产中心初始状态

3. 财务中心

1）现金 20 W

请财务总监拿出一满桶灰币（共计 20 W）放置于现金库位置。

2）应收款 15 W

为获得尽可能多的客户，企业一般采用赊销策略，即允许客户在一定期限内缴清货款而不是现款支付。应收款是分账期的，请财务总监拿一个空桶，装 15 个灰币，置于应收款三期位置。

提　示

账期的单位为季度。离现金库最近的为一期，最远的为四期。

3）贷款 41 W

贷款包括短期贷款、长期贷款及其他贷款。

企业有 40 W 长期贷款，分别于长期贷款第四年和第五年到期。我们约定每个空桶代表 20 W，请财务总监将 2 个空桶分别置于第四年和第五年位置。

提 示

对长期贷款来说,沙盘上的纵列代表年度,离现金库最近的为第一年,依此类推。对短期贷款来说,沙盘上纵列代表季度,离现金库最近的为第一季度。

4) 应付税 1 W

企业上一年税前利润 4 W,按规定需缴纳 1 W 税金。税金在下一年初缴纳,此时没有对应操作。

至此,财务中心的初始状态如下图所示,同时企业初始状态设定也全部完成。

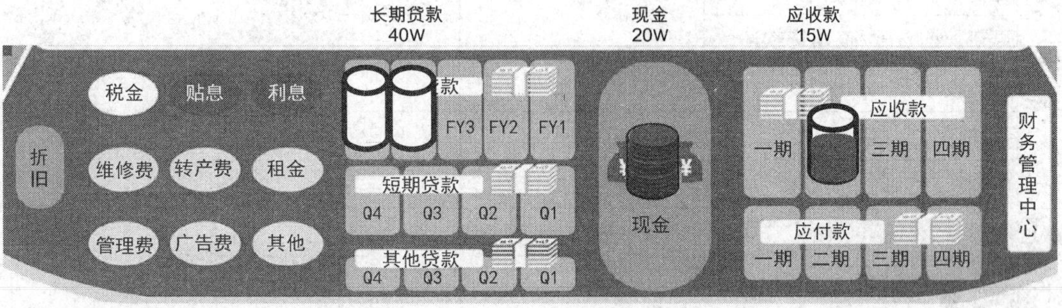

财务中心的初始状态

在模拟企业初始状态设定后,我们通过第一年的模仿运营,可使参训者熟悉操作流程,为以后自己独立经营打下基础,使其成为真正的驾驭沙盘的行家里手。

在第一年运行时,我们收到如下任务:

序号	操作步骤
1	年初支付 3 W 广告费,获得两张 P1 的订单
2	第一年不新增任何贷款
3	前三个季度每季度下 2 个 R1 原料订单,第四季度下 2 个 R1、R2 原料订单
4	第一季度开始研发 P2 产品,并持续投资
5	按订单安排生产计划,保证生产线不停产
6	年末开拓剩余 4 个市场但不进行 ISO 研发认证
7	完成本年度运营,准确填写财务报表

订单列表

产品	数量	金额	交货期	账期	交货时间
P1	5 个	27 W	3 季	1 季	
P1	6 个	32 W	4 季	2 季	

经营记录表

公司＿＿＿＿＿第一年经营

执行完每一项操作，CEO 在相应的方格内打钩，财务总监填写相应现金流，生产（物流）总监填写相应产品（原材料）数。

	手工操作流程	系统操作	手工记录			
年初	支付应付税	系统自动				
	支付长期贷款利息					
	更新长期贷款/长期贷款还款					
	广告投放	输入广告费确认				
	参加订货会/登记订单	选单环节				
	申请长期贷款	输入贷款数额并确认				
▲1	季初盘点（请填余额）	当季开始				
2	更新短期贷款/短期贷款还本付息	系统自动				
	更新生产/产品完工/生产线完工/转产完工					
3	申请短期贷款	输入贷款数额并确认				
▲4	更新原材料订单/原材料入库	系统自动，需要确认金额				
5	下达原材料订单	输入并确认				
6	购置厂房	选择并确认，可租可买				
7	新建生产线	选择并确认				
8	在建生产线					
9	生产线转产					
10	变卖生产线					
11	开始下一批生产					
▲12	更新应收款/应收款收现	系统自动，需要确认金额				
13	按订单交货	选择交货订单确认				
14	产品研发投资	选择并确认				
15	厂房处理（买转租/退租/租转买）	买转租自动转四期应收账款				
▲16	当季结束（支付管理费/租金/产品生产资格换证）	确认后自动扣除相应费用，并自动检测产品研发情况				

(续表)

	手工操作流程	系统操作	手工记录			
17	紧急采购	可以随时进行项目				
18	出售库存					
19	厂房贴现					
20	应收款贴现					
21	间谍					
22	季末收入合计					
23	季末支出合计					
24	季末数额对账[(1)+(22)−(23)]					
年末	市场开拓	选择并确认				
	ISO资格投资	选择并确认				
	缴纳违约订单罚款	系统自动				
	支付设备维护费					
	计提折旧	系统自动(生产线净值)				
	结账					

注:▲为操作节点,确认后该步骤之前的步骤都不允许操作。

综合费用表

项　目	金额
管理费	
广告费	
设备维护费	
转产费	
租金	
市场准入开拓费	
产品研发费	
ISO认证费	
信息费	
其他	
合计	

利润表

项　目	金额
销售收入	
直接成本	
毛利	
综合费用	
折旧前利润	
折旧	
支付利息前利润	
财务费用	
税前利润	
企业所得税	
净利润	

资产负债表

项目	金额	项目	金额
现金		长期负债	
应收账款		短期负债	
在制品		特别贷款	
产成品		应交税费	
原材料		—	
流动资产合计		负债合计	
土地和建筑		股东资本	
机器与设备		利润留存	
在建工程		年度净利	
固定资产合计		所有者权益合计	
资产总计		负债和所有者权益总计	

第______年　订单登记表

序号									合计
市场									
产品									
数量									
交货期									
账期									
销售额									
成本									
毛利									

第______年　产品销售核算表

项目	P1	P2	P3	P4	P5	合计
数量						
销售额						
成本						
毛利						

(二) 第一季度(期)

(1) 参加订货会/登记订单由 CEO 召开新年度规划会议,起始年按照原来制订的规划进行生产,即只生产 P1,不作其他项目的开发和更新,因此无需更多的讨论。开完会后 CEO 在相应表格内划"√"(第一年一般无需操作)。

(2) 营销总监参加订货会议,第一年并无悬念,每个企业都投了 3 W 广告费,得到 2 张相同的订单,如下表所示。

第一年订单

第一年本地市场	第一年本地市场
P1 产品	P1 产品
产品数量:5	产品数量:6
产品单价:5.7 W/个	产品单价:5.3 W/个
总金额:27 W	总金额:32 W(取整)
交货期:3Q	交货期:4Q
应收账期:1Q	应收账期:2Q

说明:表中的 Q 表示 1 季度的时间长度,应收账期 2Q 的意思是按订单 2 个季度才能收现。

(3) 广告投放。财务总监在相应表格内填入"−3 W",表示支出 3 W。

(4) 销售会议完成后,将市场订单登记在下表中。完成此步后 CEO 在相应表格内划"√"。

第____年 订单登记表

序号	1	2								合计
市场	本地	本地								
产品	P1	P1								
数量	6	5								
交货期	4Q	3Q								
账期	2Q	1Q								
销售额										
成本										
毛利										

(5) 制订新年度计划。现有 7 台设备均已满负荷生产,按照计划,本年开发 P2 产品和剩余全部市场。

(6) 支付应付税。根据上一年结出的应付税费,取 1 个灰币放入沙盘中的财务区内的应交税位置上，在对应表格内填入“—1 W”。

(7) 支付长期贷款利息/更新长期贷款/申请长期贷款。将现有的长期贷款向现金方向移动一格，代表1年，若有移出者需用现金归还，同时支付利息。具体操作是将第四年格的20 W 移入第三年格内，5年的长期贷款移入第四年格内，同时支付利息 4 W，取 4 个灰币放入沙盘中财务区里的利息位置上，在对应表格内填入“—4 W”。

(8) 季初现金盘点。期初现金数为 20 W，支付广告费、缴纳长贷利息和缴纳应付税费共 8 W，所以在对应表格内填入“12 W”。

(9) 更新短期贷款/还本付息/申请短期贷款(高利贷)。本栏是反映短期贷款期间内的借贷与更新。因初始年没有短期贷款，所以在对应表格内划“×”。

(10) 更新应付款/归还应付款。当企业购入其他企业产品时，会有此项发生。因初始年没有此项业务，所以在对应表格内划“×”。

(11) 更新原材料订单/原材料入库。支付 2 W 现金后取回上一期预订的 2 个 R1 原材料，放入原料库，所以此处填入“—2 W”。

(12) 下达原材料订单。按第一年运作提示，每季度要为下个季度下 2 个 R1 原材料订单。取 2 个空杯，倒扣在 R1 订单处，代表订购 2 个 R1 原材料，在对应表格内填入“2/0/0/0”代表对应的原材料数量。

(13) 更新生产/产品完工。将盘面上的在产品依次推入下一格，下线的 2 个 P1 产品放入成品库，在对应表格内划“√”。

(14) 新建生产线/变卖生产线/生产线转产。初始年没有此项业务，在对应表格内划“×”。

(15) 紧急采购/出售库存。初始年没有此项业务，在对应表格内划“×”。

(16) 开始下一批生产。在原材料库里取 2 个 R1 原材料，同时取 2 W 现金(人工成本)，做成 P1 在制品放在空出的生产线的第一期格内。由于支付了 2 个灰币的人工费，所以在对应表格内填入“—2 W”。

(17) 更新应收款/应收款收现。将现有的应收账款向现金方向移动一格，若有移出的应收账款则放入现金的位置。本期的操作是将 15 W 应收账款从第三期移入第二期，在对应表格内划“√”。

(18) 厂房贴现。第一年没有此项业务，在对应表格内划“×”。

(19) 按订单交货。查点成品库成品数量，不够交货数量，没有操作，划“×”。若有货，则按单交货，在对应表格内应划“√”，本季度可以交 5 个 P1 产品，获得 27 W 的 1 季账期应收款。

(20) 产品研发投资。第一年第一季度开始研发 P2，研发费是每个季度 1 W，在对应表格内填入“—1 W”。

(21) 支付管理费。比赛规则规定每期必须支付 1 W 行政管理费。取 1 个灰币放入沙盘中财务区里的管理费位置上，在对应表格内填入“—1 W”。

(22) 季末收入合计。本期没有现金收入，在对应表格内填入“0 W”。

(23) 季末支出合计。本期共支出现金 6 W，在对应表格内填入“6 W”。

(24) 季末数额对账。季初现金盘点 12 W，加本期现金收入 0 W，减本期现金支出 6 W，得 6 W，在对应表格内填入“6 W”。

(三) 第二季度(期)

在第二季度的说明里，只对有操作的项目加以说明，空白项目则略过，以下各季做法同此季。本季度中需填写的内容为经营记录表的第三列。

(1) 季初盘点。期初现金数为 6 W，所以在对应表格内填入“6 W”。

(2) 更新原材料订单/原材料入库。支付 2 W 现金后取回上一期预订的 2 个 R1 原材料，放入原材料库，在对应表格内填入“－2 W”。

(3) 下达原材料订单。每季度要为下个季度下达 2 个 R1 原材料订单，取 2 个空杯，倒扣在 R1 订单处，代表订购 2 个 R1 原材料，在对应表格内填入“2/0/0/0”，代表对应的原材料数量。

(4) 更新生产/产品完工。将盘面上的在产品依次推入下一工序，下线的 2 个产品放入成品库，在对应表格内划“√”。

(5) 开始下一批生产。做成 2 个 P1 在制品放在空出的生产线的第一期格内，在对应表格里填入“－2 W”。

(6) 更新应收款/应收款收现。将现有的应收账款向现金方向移动一格。本期的操作是将 15 W 应收账款从第二期移入第一期，同时第一季度交货后得到的 1 季账期应收款可以收现，在对应表格内填入“＋27 W”。

(7) 按订单交货。查点成品库成品数量，不够交货数量，在对应表格内划“×”。

(8) 产品研发投资。第一年第二季度继续研发 P2，研发费是每个季度 1 W，在对应表格内填入“－1 W”。

(9) 支付管理费。取 1 个灰币放入沙盘中财务区里的管理费位置上，在对应表格内填入“－1 W”。

(10) 季末收入合计。因本期收到 27 W 应收款，在对应表格内填入“27 W”。

(11) 季末支出合计。本期共支出现金 6 W，在对应表格内填入“6 W”。

(12) 季末数额对账。季初现金盘点 6 W，加本期现金收入 27 W，减本期现金支出 6 W，得 27 W，在对应表格内填入“27 W”。

(四) 第三季度(期)

(1) 季初盘点。期初现金数为 27 W，所以在对应表格内填入“27 W”。

(2) 更新原材料订单/原材料入库。将上一期预订的 2 个 R1 原材料支付 2 W 现金后取回，放入原料库，在对应格内填入“－2 W”。

(3) 下达原材料订单。每季度要为下个季度下达 2 个 R1 原材料订单，取 2 个空杯，倒扣在 R1 订单处，代表订购 2 个 R1 原材料。在对应表格内填入“2/0/0/0”代表对应下达的原材料数量。

(4) 更新生产/产品完工。将盘面上的在产品依次推入下一工序，下线 2 个 P1 产品，将其放入成品库，在对应表格内划“√”。

(5) 开始下一批生产。做成 2 个 P1 在制品放在空出的生产线的第一期格内，在对应表格里填入“－2 W”。

(6) 更新应收款/应收款收现。将现有的应收账款向现金方向移动一格。本期的操作是将 15 W 应收账款从第一期移入现金库中，并将 32 W 应收账款从第二期移入第一期，在对应表格内填入“15 W”。

(7) 产品研发投资。第一年第三季度继续研发 P2 产品，研发费是每个季度 1 W，在对应表格内填入“−1 W”。

(8) 支付管理费。取 1 个灰币放入沙盘中财务区里的管理费位置上，在对应表格内填入“−1 W”。

(9) 季末收入合计。本期有应收账款收现 15 W，在对应表格内填入“15 W”。

(10) 季末支出合计。本期共支出现金 6 W，在对应表格内填入“6 W”。

(11) 季末数额对账。季初现金盘点 27 W，加本期现金收入 15 W，减本期现金支出 6 W，得 36 W，在对应表格内填入“36 W”。

(五) 第四季度(期)

(1) 季初盘点。期初现金数为 36 W，在对应表格内填入“36 W”。

(2) 更新原材料订单/原材料入库。支付 2 W 现金后取回上一期预订的 2 个 R1 原材料，放入原料库，在对应表格内填入“−2 W”。

(3) 下达原材料订单。第四季度要为下个季度下达 2 个 R1 和 2 个 R2 原材料订单，取 2 个空杯，倒扣在 R1 订单区；取 2 个空杯，倒扣在 R2 订单处，代表订购 2 个 R1 和 2 个 R2 原材料。在对应表格内填入“2/2/0/0”代表对应下达的原材料数量。

(4) 更新生产/产品完工。将盘面上的在产品依次推入下一工序，下线 2 个 P1 产品，将其放入成品库，在对应表格内划“√”。

(5) 开始下一批生产。做成 2 个 P1 在制品放在空出的生产线的第一期格内，在对应表格里填入“−2 W”。

(6) 更新应收款/应收款收现。本季度没有应收款可以推进了，在对应表格内划“×”。

(7) 按订单交货。查点成品库成品数量，够交货数量，提交订单，在对应表格内划“√”。

(8) 产品研发投资。第一年第三季度继续研发 P2 产品，研发费是每个季度 1 W，在对应表格内填入“−1 W”。

(9) 支付管理费。取 1 个灰币放入沙盘中财务区里的管理费位置上，在对应表格内填入“−1 W”。

(10) 支付设备维护费。每年末按已生产的生产线数支付此项费用，每条生产线 1 W。现有 4 条生产线，取 4 个灰币放入沙盘中财务区里的维修费位置上，在对应表格内填入“−4 W”。

(11) 计提折旧。每台设备有固定的折旧额度，按规则计算折旧。具体情况是在 4 台机器前的净值杯里各取出 1 个币，放入沙盘中财务区里的折旧位置上，在对应表格内填入“4 W”。由于不实际支付现金，故此数字在表中用“(4)”标出。

(12) 市场开拓。第一年开拓剩余四个市场，每个市场需要投资 1 W，在对应表格内填入“−4 W”。

(13) ISO 资格投资。第一年不进行 ISO 资质研发，在对应表格内划“×”。

(13) 结账。将期末数字转入下一年期初，在对应表格内划“√”。

(14) 季末收入合计。本期应收账款收现 0 W，在对应表格内填入“0 W”。

(15) 季末支出合计。本期共有现金支出 14 W，在对应表格内填入“14 W”。

(16) 季末数额对账。季初现金盘点 36 W，加本期现金收入 0 W，减本期现金支出 14

W,得 22 W,在对应表格内填入“22 W”。

本年的经营结果如下表所示。

经营记录表

公司__________第一年经营

执行完每一项操作,CEO 在相应的方格内打钩,财务总监填写相应现金流,生产(物流)总监填写相应产品(原材料)数。

	手工操作流程	系统操作	手工记录			
年初	支付应付税	系统自动	−1 W			
	支付长期贷款利息		−4 W			
	更新长期贷款/长期贷款还款					
	广告投放	输入广告费确认	−3 W			
	参加订货会/登记订单	选单环节				
	申请长期贷款	输入贷款数额并确认				
▲1	季初盘点(请填余额)	当季开始	12 W	6 W	27 W	36 W
2	更新短期贷款/短期贷款还本付息	系统自动	×	×	×	×
	更新生产/产品完工/生产线完工/转产完工		√	√	√	√
3	申请短期贷款	输入贷款数额并确认	×	×	×	×
▲4	更新原材料订单/原材料入库	系统自动,需要确认金额	−2 W	−2 W	−2 W	−2 W
5	下达原材料订单	输入并确认	2/0/0/0	2/0/0/0	2/0/0/0	2/0/0/0
6	购置厂房	选择并确认,可租可买				
7	新建生产线	选择并确认	×			
8	在建生产线					
9	生产线转产		×			
10	变卖生产线		×			
11	开始下一批生产		−2 W	−2 W	−2 W	−2 W
▲12	更新应收款/应收款收现	系统自动,需要确认金额	√	27 W	15 W	√
13	按订单交货	选择交货订单确认	√	×	×	√
14	产品研发投资	选择并确认	−1 W	−1 W	−1 W	−1 W
15	厂房处理(买转租/退租/租转买)	买转租自动转四期应收账款				

（续表）

<table>
<tr><th></th><th>手工操作流程</th><th>系统操作</th><th colspan="4">手工记录</th></tr>
<tr><td>▲16</td><td>当季结束（支付管理费/租金/产品生产资格换证/缴纳违约订单罚款）</td><td>确认后自动扣除相应费用，并自动检测产品研发情况</td><td>−1 W</td><td>−1 W</td><td>−1 W</td><td>−1 W</td></tr>
<tr><td>17</td><td>紧急采购</td><td rowspan="5">可以随时进行项目</td><td>×</td><td></td><td></td><td></td></tr>
<tr><td>18</td><td>出售库存</td><td>×</td><td></td><td></td><td></td></tr>
<tr><td>19</td><td>厂房贴现</td><td>×</td><td></td><td></td><td></td></tr>
<tr><td>20</td><td>应收款贴现</td><td></td><td></td><td></td><td></td></tr>
<tr><td>21</td><td>间谍</td><td></td><td></td><td></td><td></td></tr>
<tr><td>22</td><td colspan="2">季末收入合计</td><td>0 W</td><td>27 W</td><td>15 W</td><td>0 W</td></tr>
<tr><td>23</td><td colspan="2">季末支出合计</td><td>6 W</td><td>6 W</td><td>6 W</td><td>14 W</td></tr>
<tr><td>24</td><td colspan="2">季末数额对账[(1)+(22)−(23)]</td><td>6 W</td><td>27 W</td><td>36 W</td><td>22 W</td></tr>
<tr><td rowspan="6">年末</td><td>市场开拓</td><td>选择并确认</td><td colspan="3" rowspan="6"></td><td>−4 W</td></tr>
<tr><td>ISO资格投资</td><td>选择并确认</td><td>×</td></tr>
<tr><td>缴纳违约订单罚款</td><td rowspan="2">系统自动</td><td></td></tr>
<tr><td>支付设备维护费</td><td>−4 W</td></tr>
<tr><td>计提折旧</td><td>系统自动（生产线净值）</td><td>(4)</td></tr>
<tr><td>结账</td><td></td><td>√</td></tr>
</table>

注：▲为操作节点，确认后该步骤之前的步骤都不允许操作。

（六）其他相关表单填写

企业交货时要填写、记录商品核算统计表，到年末统计出全年的商品销售，并填写产品销售核算表。

第______年　产品销售核算表

项目	P1	P2	P3	P4	P5	合计
数量	11					
销售额	59					
成本	22					
毛利	37					

将全年的费用汇总，填写全年的综合费用表。

根据本年发生的经济业务，编制本年简易式利润表。

根据本年发生的经济业务，年末编制简易式资产负债表。

综合费用表

项　目	金额
管理费	4 W
广告费	3 W
设备维护费	4 W
转产费	0 W
租金	0 W
市场准入开拓费	4 W
产品研发费	4 W
ISO 认证费	0 W
信息费	0 W
其他	0 W
合计	19 W

利润表

项目	金额
销售收入	59 W
直接成本	22 W
毛利	37 W
综合费用	19 W
折旧前利润	18 W
折旧	4 W
支付利息前利润	14 W
财务费用	4 W
税前利润	10 W
企业所得税	3 W
净利润	7 W

资产负债表

项目	金额	项目	金额
现金	22 W	长期负债	40 W
应收账款	32 W	短期负债	0 W
在制品	8 W	特别贷款	0 W
产成品	0 W	应交税费	3 W
原材料	3 W	—	
流动资产合计	65 W	负债合计	43 W
土地和建筑	40 W	股东资本	50 W
机器与设备	10 W	利润留存	15 W
在建工程	0 W	年度净利	7 W
固定资产合计	50 W	所有者权益合计	72 W
资产总计	115 W	负债和所有者权益总计	115 W

注:① 期末利润留存数 15 W=上年的利润留存数 11 W+上年度净利 4 W。
② 此处的机器与设备为净值,年初数为 14 W,扣减本年所计提的折旧 4 W,得净值为 10 W。

至此,经过第一年的运营后,企业盘面上的状态如下:

(1) 流动资产 65 W:①现金 22 W;②在制品 8 W(4 个 P1 产品);③P1 产成品 0 W;④原材料 3 W(3 个 R1 原材料);⑤订单处预订 R1 原材料 2 个,R2 原材料 2 个。

(2) 固定资产 50 W:①大厂房 40 W;②设备价值 10 W(4 条手工线,其中两条净值为 2 W,两条净值为 3 W)。

(3)负债 43 W:①长期负债 40 W(在第三年格和第四年格的位置上各有 20 W 的长期贷款);②应付税 3 W,税金下一年度缴纳,盘面上没有直接反映。

二、第二年经营任务

序号	操作步骤
1	投放 5 W 广告拿到订单列表所示订单
2	每个季度各贷 20 W 短期贷款
3	按要求缴纳各项费用，做诚信企业
4	按照订单要求进行生产，按时交付订单
5	第一、第二两季度各订购 2 个 R1；第三季度订购 4 种原料各 2 个；第四季度订购 R1、R3、R4 各 4 个
6	第一季度开始新建两条柔性线，下一年第一季度投产
7	第一季度开始研发 P3 产品，下一年第一季度投产
8	年末开拓所有市场并进行 ISO9000 和 ISO14000 的认证
9	完成本年度运营，准确填写财务报表

订单列表

产品	数量	销售额	交货期	账期	交货时间
P1	6 个	32 W	4 季	4 季	4 季
P2	2 个	14 W	3 季	2 季	3 季

1. 任务分析

1）订单分析

一张完整的订单主要有产品种类、数量、销售额、交货期、账期等要素，销售总监在拿订单之前一定要综合考虑(在规则有“市场老大”的情况下，拿单市场这个要素也很重要)。

企业本年一共拿到了 2 张订单，分别是 6 个 P1、交货期 4 季，账期 4 季；2 个 P2，交货期 3 季，账期 2 季。企业结合本年度生产能力来分析今年如何提交订单。目前企业有 4 条手工生产线，因为上年度已经在生产，所以本年第一季度会产出 2 个 P1，第二季度会产出 2 个 P1。结合 P1 的订单来看，发现还差 2 个 P1 需要生产。但是由于 P2 的交货期为 3 季，因此第一季度下线 2 个 P1 产品后两条手工线需要转产 P2，这样才能在第三季度生产出 2 个 P2；然后第二季度下线 2 个 P1 后，2 条手工线继续生产 2 个 P1，这样就可以保证在第四季度能够生产出 6 个 P1，同时完成 2 张订单。

2）融资说明

融资的手段有长期贷款、短期贷款、应收款贴现、厂房贴现、出售库存、出售生产线，优先程度：长短贷组合＞应收款贴现＞厂房贴现＞出售库存＞出售生产线。需要注意的是，贷款利息的取整方式为四舍五入，贴现的取整方式为向上取整。

3）生产说明

一共有四种类型的生产线可以选择，其中自动线没有办法轻易转产，需要相应的时间和费用才可以。而手工线和柔性线转产比较简单。在安排生产计划和提交订单的时候一定要注意。

4）提交订单说明

在某张订单要求的交货期内，企业只有在生产足够的产品和数量后，才可以提交订单。

提交订单后,企业可以获得相应的销售额,可能是应收款也可能是现金。现金直接放入现金库内,应收款放入应收款区与账期相对应的方格内。

5）原材料采购说明

原材料采购是新接触沙盘的学生最容易出错的部分。在制订原材料采购计划的过程中,企业首先应制订出生产计划,其次根据生产计划计算每个季度的原材料需求量,最后根据每季度原材料需求量提前下达原材料订单(各个原材料的提前期不同,需要分别计算)。

经营记录表

公司__________第二年经营

执行完每一项操作,CEO在相应的方格内打钩,财务总监填写相应现金流,生产(物流)总监填写相应产品(原材料)数。

	手工操作流程	系统操作	手工记录			
年初	支付应付税	系统自动				
	支付长期贷款利息					
	更新长期贷款/长期贷款还款					
	广告投放	输入广告费确认				
	参加订货会/登记订单	选单环节				
	申请长期贷款	输入贷款数额并确认				
1	季初盘点(请填余额)	当季开始				
2	更新短期贷款/短期贷款还本付息	系统自动				
	更新生产/产品完工/生产线完工/转产完工					
3	申请短期贷款	输入贷款数额并确认				
▲4	更新原材料订单/原材料入库	系统自动,需要确认金额				
5	下达原材料订单	输入并确认				
6	购置厂房	选择并确认,可租可买				
7	新建生产线	选择并确认				
8	在建生产线					
9	生产线转产					
10	变卖生产线					
11	开始下一批生产					
▲12	更新应收款/应收款收现	系统自动,需要确认金额				
13	按订单交货	选择交货订单确认				
14	产品研发投资	选择并确认				

（续表）

	手工操作流程	系统操作	手工记录			
15	厂房处理（买转租/退租/租转买）	买转租自动转四期应收账款				
▲16	当季结束（支付管理费/租金/产品生产资格换证）	确认后自动扣除相应费用，并自动检测产品研发情况				
17	紧急采购	可以随时进行项目				
18	出售库存					
19	厂房贴现					
20	应收款贴现					
21	间谍					
22	季末收入合计					
23	季末支出合计					
24	季末数额对账[(1)+(22)−(23)]					
年末	市场开拓	选择并确认				
	ISO资格投资	选择并确认				
	缴纳违约订单罚款	系统自动				
	支付设备维护费					
	计提折旧	系统自动（生产线净值）				
	结账					

注：▲为操作节点，确认后该步骤之前的步骤都不允许操作。

综合费用表

项　目	金额
管理费	
广告费	
设备维护费	
转产费	
租金	
市场准入开拓费	
产品研发费	
ISO认证费	
信息费	
其他	
合计	

利润表

项　目	金额
销售收入	
直接成本	
毛利	
综合费用	
折旧前利润	
折旧	
支付利息前利润	
财务费用	
税前利润	
企业所得税	
净利润	

资产负债表

项目	金额	项目	金额
现金		长期负债	
应收账款		短期负债	
在制品		特别贷款	
产成品		应交税费	
原材料		—	
流动资产合计		负债合计	
土地和建筑		股东资本	
机器与设备		利润留存	
在建工程		年度净利	
固定资产合计		所有者权益合计	
资产总计		负债和所有者权益总计	

第______年 订单登记表

序号										合计
市场										
产品										
数量										
交货期										
账期										
销售额										
成本										
毛利										

第______年 产品销售核算表

项目	P1	P2	P3	P4	P5	合计
数量						
销售额						
成本						
毛利						

2. 第二年经营任务解析

经营记录表

公司__________第二年经营

执行完每一项操作，CEO 在相应的方格内打钩，财务总监填写相应现金流，生产（物流）总监填写相应产品（原材料）数。

	手工操作流程	系统操作	手工记录			
年初	支付应付税	系统自动	-3 W			
	支付长期贷款利息		-4 W			
	更新长期贷款/长期贷款还款					
	广告投放	输入广告费确认	-5 W			
	参加订货会/登记订单	选单环节	√			
	申请长期贷款	输入贷款数额并确认				
▲1	季初盘点（请填余额）	当季开始	10 W	12 W	48 W	52 W
2	更新短期贷款/短期贷款还本付息	系统自动	×	×	×	×
	更新生产/产品完工/生产线完工/转产完工		√	√	√	√
3	申请短期贷款	输入贷款数额并确认	20 W	20 W	20 W	20 W
▲4	更新原材料订单/原材料入库	系统自动，需要确认金额	-4 W	-2 W	-2 W	-4 W
5	下达原材料订单	输入并确认	2/0/0/0	2/0/0/0	2/2/2/2	4/0/4/4
6	购置厂房	选择并确认，可租可买				
7	新建生产线	选择并确认	-10 W			
8	在建生产线			-10 W	-10 W	-10 W
9	生产线转产					
10	变卖生产线					
11	开始下一批生产		-2 W	-2 W	-2 W	-2 W
▲12	更新应收款/应收款收现	系统自动，需要确认金额	×	32 W	×	×
13	按订单交货	选择交货订单确认	×	×	√	√
14	产品研发投资	选择并确认	-1 W	-1 W	-1 W	-1 W
15	厂房处理（买转租/退租/租转买）	买转租自动转四期应收账款				

(续表)

	手工操作流程	系统操作	手工记录			
▲16	当季结束(支付管理费/租金/产品生产资格换证)	确认后自动扣除相应费用,并自动检测产品研发情况	−1 W	−1 W	−1 W	−1 W
17	紧急采购	可以随时进行项目				
18	出售库存					
19	厂房贴现					
20	应收款贴现					
21	间谍					
22	季末收入合计		20 W	52 W	20 W	20 W
23	季末支出合计		18 W	16 W	16 W	18 W
24	季末数额对账[(1)+(22)−(23)]		12 W	48 W	52 W	54 W
年末	市场开拓	选择并确认				−3 W
	ISO资格投资	选择并确认				−3 W
	缴纳违约订单罚款	系统自动				
	支付设备维护费					−4 W
	计提折旧	系统自动(生产线净值)				(4)
	结账					44 W

注:▲为操作节点,确认后该步骤之前的步骤都不允许操作。

综合费用表

项　目	金额
管理费	4 W
广告费	5 W
设备维护费	4 W
转产费	0 W
租金	0 W
市场准入开拓费	3 W
产品研发费	4 W
ISO认证费	4 W
信息费	0 W
其他	0 W
合计	23 W

利润表

项　目	金额
销售收入	46 W
直接成本	18 W
毛利	28 W
综合费用	23 W
折旧前利润	5 W
折旧	4 W
支付利息前利润	1 W
财务费用	4 W
税前利润	−3 W
企业所得税	0 W
净利润	−3 W

资产负债表

项目	金额	项目	金额
现金	44 W	长期负债	40 W
应收账款	46 W	短期负债	80 W
在制品	10 W	特别贷款	0 W
产成品	0 W	应交税费	0 W
原材料	3 W	—	
流动资产合计	103 W	负债合计	120 W
土地和建筑	40 W	股东资本	50 W
机器与设备	6 W	利润留存	22 W
在建工程	40 W	年度净利	−3 W
固定资产合计	86 W	所有者权益合计	69 W
资产总计	189 W	负债和所有者权益总计	189 W

三、第三年经营任务

序号	操作步骤
1	投放 13 W 广告费获得订单列表所示的订单
2	按照生产计划提前订购原材料，保证生产
3	合理扣除库存原材料，减少现金流压力和贴现次数
4	各季度归还短期贷款后，再各贷 20 W 短期贷款
5	在不新增其他贷款的情况下，合理进行贴现度过本年现金缺口
6	年末开拓剩余市场和进行 ISO9000 和 ISO14000 的资格认证
7	完成本年度运营，准确填写财务报表

订单列表

产品	数量	销售额	交货期	账期	交货时间
P1	4 个	21 W	3 季	1 季	
P2	4 个	26 W	4 季	1 季	
P3	2 个	18 W	3 季	4 季	
P3	4 个	33 W	4 季	3 季	

1. 任务分析

(1) 本年任务不能新增贷款，所以当企业面临现金流短缺的问题时只能通过贴现来度过资金缺口期。各企业需要合理地进行贴现，避免产生不必要的财务费用，影响权益。

(2) 订单交货：本年度企业一共拿到 4 张订单，共需要 4 个 P1、4 个 P2 和 6 个 P3。4 条手工线因为上年度已经在生产，所以本年第一季度会产出 2 个 P1，第二季度会产出 2 个 P2。因为第三季度需要 4 个 P1，所以 2 条手工线第一季度下线后需要继续生产 2 个 P1，这样才能在第三季度生产出 4 个 P1。因为第四季度需要 4 个 P2，所以 2 条手工线第二季度下线后需要继续生产 2 个 P2，才能在第四季度生产出 4 个 P2。今年新增的 2 条生产线，每个季度生产 2 个 P3，这样今年可以生产出 6 个 P3。除了这种生产方式，还有别的生产方式，同学们可以自由探索。

(3) 扣除原材料。上年度企业库存了 3 个 R1 原材料，同时上年第三季度订了 2 个 R3 和 2 个 R4 原材料，上年第四季度订了 4 个 R1、4 个 R3 和 4 个 R4 原材料，那么合计今年第一季度会有 7 个 R1、2 个 R3 和 2 个 R4 原材料，第二季度会有 4 个 R3 和 4 个 R4 原材料。结合之前的生产计划来看，第一季度要生产 2 个 P1 和 2 个 P3，需要 4 个 R1、2 个 R3 和 2 个 R4 原材料，因此第一季度结余 3 个 R1 原材料；第二季度要生产 2 个 P2 产品和 2 个 P3 产品，需要 2 个 R2、4 个 R3 和 2 个 R4 原材料，因此要在第一季度订 2 个 R2 原材料，第二季度结余原材料 3 个 R1 和 2 个 R4；第三季度生产 2 个 P1 和 2 个 P3，需要 4 个 R1、2 个 R3 和 2 个 R4。因此要在将第二季度结余原材料扣除的情况下采购原材料，第一季度订购 2 个 R3，第二季度订购 1 个 R1 原材料；至此到第三季度结束的时候，库存原材料就被扣除完毕，达到了任务要求。

同学们也可以想一想，是否可以通过修改生产方式，在第二季度结束的时候就将库存原材料全部扣除。

经营记录表

公司__________第三年经营

执行完每一项操作，CEO 在相应的方格内打钩，财务总监填写相应现金流，生产(物流)总监填写相应产品(原材料)数。

	手工操作流程	系统操作	手工记录			
年初	支付应付税	系统自动				
	支付长期贷款利息					
	更新长期贷款/长期贷款还款					
	广告投放	输入广告费确认				
	参加订货会/登记订单	选单环节				
	申请长期贷款	输入贷款数额并确认				
▲1	季初盘点(请填余额)	当季开始				
2	更新短期贷款/短期贷款还本付息	系统自动				
	更新生产/产品完工/生产线完工/转产完工					

（续表）

	手工操作流程	系统操作	手工记录			
3	申请短期贷款	输入贷款数额并确认				
▲4	更新原材料订单/原材料入库	系统自动，需要确认金额				
5	下达原材料订单	输入并确认				
6	购置厂房	选择并确认，可租可买				
7	新建生产线					
8	在建生产线					
9	生产线转产	选择并确认				
10	变卖生产线					
11	开始下一批生产					
▲12	更新应收款/应收款收现	系统自动，需要确认金额				
13	按订单交货	选择交货订单确认				
14	产品研发投资	选择并确认				
15	厂房处理（买转租/退租/租转买）	买转租自动转四期应收账款				
▲16	当季结束（支付管理费/租金/产品生产资格换证）	确认后自动扣除相应费用，并自动检测产品研发情况				
17	紧急采购					
18	出售库存					
19	厂房贴现	可以随时进行项目				
20	应收款贴现					
21	间谍					
22	季末收入合计					
23	季末支出合计					
24	季末数额对账[（1）+（22）－（23）]					
	市场开拓	选择并确认				
	ISO资格投资	选择并确认				
年末	缴纳违约订单罚款	系统自动				
	支付设备维护费					
	计提折旧	系统自动（生产线净值）				
	结账					

注：▲为操作节点，确认后该步骤之前的步骤都不允许操作。

综合费用表

项　目	金额
管理费	
广告费	
设备维护费	
转产费	
租金	
市场准入开拓费	
产品研发费	
ISO 认证费	
信息费	
其他	
合计	

利润表

项　目	金额
销售收入	
直接成本	
毛利	
综合费用	
折旧前利润	
折旧	
支付利息前利润	
财务费用	
税前利润	
企业所得税	
净利润	

资产负债表

项目	金额	项目	金额
现金		长期负债	
应收账款		短期负债	
在制品		特别贷款	
产成品		应交税费	
原材料		—	
流动资产合计		负债合计	
土地和建筑		股东资本	
机器与设备		利润留存	
在建工程		年度净利	
固定资产合计		所有者权益合计	
资产总计		负债和所有者权益总计	

第______年　订单登记表

序号										合计
市场										
产品										
数量										
交货期										

（续表）

序号										合计
账期										
销售额										
成本										
毛利										

第______年　产品销售核算表

项目	P1	P2	P3	P4	P5	合计
数量						
销售额						
成本						
毛利						

2. 第三年任务解析

经营记录表

公司__________第三年经营

执行完每一项操作，CEO在相应的方格内打钩，财务总监填写相应现金流，生产（物流）总监填写相应产品（原材料）数。

	手工操作流程	系统操作	手工记录			
年初	支付应付税	系统自动	×			
	支付长期贷款利息		－4 W			
	更新长期贷款/长期贷款还款					
	广告投放	输入广告费确认	－13 W			
	参加订货会/登记订单	选单环节				
	申请长期贷款	输入贷款数额并确认				
▲1	季初盘点（请填余额）	当季开始	27 W	27 W	21 W	31 W
2	更新短期贷款/短期贷款还本付息	系统自动	－21 W	－21 W	－21 W	－21 W
	更新生产/产品完工/生产线完工/转产完工		√	√	√	√
3	申请短期贷款	输入贷款数额并确认	20 W	20 W	20 W	20 W
▲4	更新原材料订单/原材料入库	系统自动，需要确认金额	－8 W	－9 W	－6 W	－8 W

（续表）

	手工操作流程	系统操作	手工记录			
5	下达原材料订单	输入并确认	1/0/0/0	4/2/0/0	4/4/2/2	4/2/4/4
6	购置厂房	选择并确认,可租可买				
7	新建生产线					
8	在建生产线					
9	生产线转产	选择并确认				
10	变产生产线					
11	开始下一批生产		−4 W	−4 W	−4 W	−4 W
▲12	更新应收款/应收款收现	系统自动,需要确认金额	14 W	×	22 W	21 W
13	按订单交货	选择交货订单确认	×	√	√	√
14	产品研发投资	选择并确认	×	×	×	×
15	厂房处理(买转租/退租/租转买)	买转租自动转四期应收账款				
▲16	当季结束(支付管理费/租金/产品生产资格换证)	确认后自动扣除相应费用,并自动检测产品研发情况	−1 W	−1 W	−1 W	−1 W
17	紧急采购					
18	出售库存					
19	厂房贴现	可以随时进行项目				
20	应收款贴现					
21	间谍					
22	季末收入合计		34 W	20 W	51 W	41 W
23	季末支出合计		34 W	35 W	32 W	34 W
24	季末数额对账[(1)+(22)−(23)]		27 W	12 W	31 W	38 W
年末	市场开拓	选择并确认				−2 W
	ISO资格投资	选择并确认				−3 W
	缴纳违约订单罚款	系统自动				
	支付设备维护费					−8 W
	计提折旧	系统自动(生产线净值)				(2)
	结账					25 W

注:▲为操作节点,确认后该步骤之前的步骤都不允许操作。

综合费用表

项　目	金额
管理费	4 W
广告费	13 W
设备维护费	8 W
转产费	0 W
租金	0 W
市场准入开拓费	2 W
产品研发费	0 W
ISO 认证费	3 W
信息费	0 W
其他	0 W
合计	30 W

利润表

项　目	金额
销售收入	98 W
直接成本	44 W
毛利	54 W
综合费用	30 W
折旧前利润	24 W
折旧	2 W
支付利息前利润	22 W
财务费用	9 W
税前利润	13 W
企业所得税	3 W
净利润	10 W

资产负债表

项目	金额	项目	金额
现金	25 W	长期负债	40 W
应收账款	77 W	短期负债	80 W
在制品	16 W	特别贷款	3 W
产成品	0 W	应交税费	
原材料	0 W	—	
流动资产合计	118 W	负债合计	123 W
土地和建筑	40 W	股东资本	50 W
机器与设备	44 W	利润留存	19 W
在建工程	0 W	年度净利	10 W
固定资产合计	84 W	所有者权益合计	79 W
资产总计	202 W	负债和所有者权益总计	202 W

四、第四年经营任务

序号	操作步骤
1	投放 15 W 广告获得如订单列表所示
2	根据市场预测自主规划研发 P4/P5 产品
3	根据市场预测自主建设自动线(至少 2 条自动线)
4	按照生产计划提前订购原材料，保证生产

(续表)

序号	操作步骤
5	通过贷款度过本年度现金缺口期,同时为下一年度长贷还款和广告费留出现金空间
6	按照订单交货期要求,合理规划生产计划,进行生产。思考如何调整交单顺序,让本年能够不用贴现
7	完成本年度运营,准确填写财务报表

订单列表

产品	数量	销售额	交货期	账期	交货时间
P1	2个	11 W	1季	4季	
P2	2个	14 W	2季	4季	
P2	1个	7 W	2季	1季	
P2	3个	21 W	2季	2季	
P3	4个	33 W	3季	2季	
P3	4个	34 W	4季	4季	

(1) 结束第四年的运营后,第五、第六年就是各企业自主经营的时候了,因此第四年要根据市场预测来决定企业的发展方向,是进军P4产品还是P5产品。

(2) 第五年初企业要自主投放广告并且偿还一笔20 W的长期贷款,因此各企业应该做好资金规划,提前向银行申请贷款。这样在第五年初才不会因为资金流短缺而导致不必要的贴现。

(3) 由于经营产品的多样性,以及多元化市场战略的影响,企业的生产力出现了不足,各企业需要根据市场预测来考虑投资建设新的生产线。

第五、第六年市场预测表

均价							
序号	年份	产品	本地	区域	国内	亚洲	国际
1	第五年	P1	5.24 W	0 W	5.53 W	0 W	5.37 W
2	第五年	P2	7.55 W	7.33 W	7.14 W	7.57 W	7.75 W
3	第五年	P3	0 W	8.38 W	8.25 W	8.5 W	8.35 W
4	第五年	P4	9.69 W	9.81 W	10.11 W	10.36 W	0 W
5	第六年	P1	6.05 W	6 W	0 W	0 W	6.14 W

(续表)

序号	年份	产品	本地	区域	国内	亚洲	国际
6	第六年	P2	7.33 W	0 W	7.13 W	0 W	6.84 W
7	第六年	P3	8.65 W	8.84 W	0 W	8.68 W	0 W
8	第六年	P4	0 W	9.86 W	10.1 W	0 W	9.85 W

需求量

序号	年份	产品	本地	区域	国内	亚洲	国际
1	第五年	P1	21 个	0 个	30 个	0 个	19 个
2	第五年	P2	20 个	15 个	14 个	14 个	16 个
3	第五年	P3	0 个	13 个	16 个	18 个	17 个
4	第五年	P4	16 个	16 个	9 个	14 个	0 个
5	第六年	P1	21 个	25 个	0 个	0 个	22 个
6	第六年	P2	18 个	0 个	23 个	0 个	19 个
7	第六年	P3	20 个	25 个	0 个	22 个	0 个
8	第六年	P4	0 个	14 个	20 个	0 个	20 个

订单数量

序号	年份	产品	本地	区域	国内	亚洲	国际
1	第五年	P1	7 张	0 张	10 张	0 张	8 张
2	第五年	P2	7 张	7 张	5 张	4 张	6 张
3	第五年	P3	0 张	4 张	6 张	6 张	6 张
4	第五年	P4	6 张	6 张	3 张	6 张	0 张
5	第六年	P1	7 张	7 张	0 张	0 张	7 张
6	第六年	P2	7 张	0 张	7 张	0 张	7 张
7	第六年	P3	6 张	7 张	0 张	6 张	0 张
8	第六年	P4	0 张	5 张	6 张	0 张	7 张

商业情报有助于发展企业的营运能力，是强化和改变企业发展战略的重要基础。谁掌握了情报，谁就能在激烈的市场上取得主动地位，就能赢得时间、市场和利润。

目前在 ERP 沙盘中，企业得到的商业情报主要是专业的市场调研机构提供的市场预测情况。调研机构从产品的均价、市场需求量和市场订单数量等方面给出了详细的市场预测信息。所以，每一家企业的市场总监都应该根据市场预测表进行详细研究、分析和讨论，为企业的经营决策做好准备。

经营记录表

公司＿＿＿＿＿＿第一年经营

执行完每一项操作，CEO 在相应的方格内打钩，财务总监填写相应现金流，生产(物流)总监填写相应产品(原材料)数。

	手工操作流程	系统操作	手工记录			
年初	支付应付税	系统自动				
	支付长期贷款利息					
	更新长期贷款/长期贷款还款					
	广告投放	输入广告费确认				
	参加订货会/登记订单	选单环节				
	申请长期贷款	输入贷款数额并确认				
▲1	季初盘点(请填余额)	当季开始				
2	更新短期贷款/短期贷款还本付息	系统自动				
	更新生产/产品完工/生产线完工/转产完工					
3	申请短期贷款	输入贷款数额并确认				
▲4	更新原材料订单/原材料入库	系统自动，需要确认金额				
5	下达原材料订单	输入并确认				
6	购置厂房	选择并确认，可租可买				
7	新建生产线	选择并确认				
8	在建生产线					
9	生产线转产					
10	变卖生产线					
11	开始下一批生产					
▲12	更新应收款/应收款收现	系统自动，需要确认金额				
13	按订单交货	选择交货订单确认				
14	产品研发投资	选择并确认				
15	厂房处理(买转租/退租/租转买)	买转租自动转四期应收账款				
▲16	当季结束(支付管理费/租金/产品生产资格换证/缴纳违约订单罚款)	确认后自动扣除相应费用，并自动检测产品研发情况				

（续表）

	手工操作流程	系统操作	手工记录			
17	紧急采购	可以随时进行项目				
18	出售库存					
19	厂房贴现					
20	应收款贴现					
21	间谍					
22	季末收入合计					
23	季末支出合计					
24	季末数额对账[(1)+(22)−(23)]					
年末	市场开拓	选择并确认				
	ISO 资格投资	选择并确认				
	缴纳违约订单罚款	系统自动				
	支付设备维护费					
	计提折旧	系统自动(生产线净值)				
	结账					

注：▲为操作节点，确认后该步骤之前的步骤都不允许操作。

综合费用表

项　目	金额
管理费	
广告费	
设备维护费	
转产费	
租金	
市场准入开拓费	
产品研发费	
ISO 认证费	
信息费	
其他	
合计	

利润表

项　目	金额
销售收入	
直接成本	
毛利	
综合费用	
折旧前利润	
折旧	
支付利息前利润	
财务费用	
税前利润	
企业所得税	
净利润	

资产负债表

项目	金额	项目	金额
现金		长期负债	
应收账款		短期负债	
在制品		特别贷款	
产成品		应交税费	
原材料		—	
流动资产合计		负债合计	
土地和建筑		股东资本	
机器与设备		利润留存	
在建工程		年度净利	
固定资产合计		所有者权益合计	
资产总计		负债和所有者权益总计	

第______年　订单登记表

序号										合计
市场										
产品										
数量										
交货期										
账期										
销售额										
成本										
毛利										

第______年　产品销售核算表

项目	P1	P2	P3	P4	P5	合计
数量						
销售额						
成本						
毛利						

五、第五、第六年自主运营

经营记录表

公司__________第五年经营

执行完每一项操作，CEO 在相应的方格内打钩，财务总监填写相应现金流，生产（物流）总监填写相应产品（原材料）数。

	手工操作流程	系统操作	手工记录			
	支付应付税					
	支付长期贷款利息	系统自动				
	更新长期贷款/长期贷款还款					
年初	广告投放	输入广告费确认				
	参加订货会/登记订单	选单环节				
	申请长期贷款	输入贷款数额并确认				
▲1	季初盘点（请填余额）	当季开始				
2	更新短期贷款/短期贷款还本付息	系统自动				
	更新生产/产品完工/生产线完工/转产完工					
3	申请短期贷款	输入贷款数额并确认				
▲4	更新原材料订单/原材料入库	系统自动，需要确认金额				
5	下达原材料订单	输入并确认				
6	购置厂房	选择并确认，可租可买				
7	新建生产线					
8	在建生产线					
9	生产线转产	选择并确认				
10	变卖生产线					
11	开始下一批生产					
▲12	更新应收款/应收款收现	系统自动，需要确认金额				
13	按订单交货	选择交货订单确认				
14	产品研发投资	选择并确认				
15	厂房处理（买转租/退租/租转买）	买转租自动转四期应收账款				

(续表)

	手工操作流程	系统操作	手工记录			
▲16	当季结束(支付管理费/租金/产品生产资格换证/缴纳违约订单罚款)	确认后自动扣除相应费用,并自动检测产品研发情况				
17	紧急采购	可以随时进行项目				
18	出售库存					
19	厂房贴现					
20	应收款贴现					
21	间谍					
22	季末收入合计					
23	季末支出合计					
24	季末数额对账[(1)+(22)-(23)]					
年末	市场开拓	选择并确认				
	ISO资格投资	选择并确认				
	缴纳违约订单罚款	系统自动				
	支付设备维护费					
	计提折旧	系统自动(生产线净值)				
	结账					

注:▲为操作节点,确认后该步骤之前的步骤都不允许操作。

综合费用表

项　目	金额
管理费	
广告费	
设备维护费	
转产费	
租金	
市场准入开拓费	
产品研发费	
ISO认证费	
信息费	
其他	
合计	

利润表

项　目	金额
销售收入	
直接成本	
毛利	
综合费用	
折旧前利润	
折旧	
支付利息前利润	
财务费用	
税前利润	
企业所得税	
净利润	

资产负债表

项目	金额	项目	金额
现金		长期负债	
应收账款		短期负债	
在制品		特别贷款	
产成品		应交税费	
原材料		—	
流动资产合计		负债合计	
土地和建筑		股东资本	
机器与设备		利润留存	
在建工程		年度净利	
固定资产合计		所有者权益合计	
资产总计		负债和所有者权益总计	

第______年 订单登记表

序号										合计
市场										
产品										
数量										
交货期										
账期										
销售额										
成本										
毛利										

第______年 产品销售核算表

项目	P1	P2	P3	P4	P5	合计
数量						
销售额						
成本						
毛利						

经营记录表

公司__________第六年经营

执行完每一项操作，CEO 在相应的方格内打钩，财务总监填写相应现金流，生产(物流)总监填写相应产品(原材料)数。

	手工操作流程	系统操作	手工记录			
年初	支付应付税	系统自动				
	支付长期贷款利息					
	更新长期贷款/长期贷款还款					
	广告投放	输入广告费确认				
	参加订货会/登记订单	选单环节				
	申请长期贷款	输入贷款数额并确认				
▲1	季初盘点(请填余额)	当季开始				
2	更新短期贷款/短期贷款还本付息	系统自动				
	更新生产/产品完工/生产线完工/转产完工					
3	申请短期贷款	输入贷款数额并确认				
▲4	更新原材料订单/原材料入库	系统自动，需要确认金额				
5	下达原材料订单	输入并确认				
6	购置厂房	选择并确认，可租可买				
7	新建生产线	选择并确认				
8	在建生产线					
9	生产线转产					
10	变卖生产线					
11	开始下一批生产					
▲12	更新应收款/应收款收现	系统自动，需要确认金额				
13	按订单交货	选择交货订单确认				
14	产品研发投资	选择并确认				
15	厂房处理(买转租/退租/租转买)	买转租自动转四期应收账款				
▲16	当季结束(支付管理费/租金/产品生产资格换证/缴纳违约订单罚款)	确认后自动扣除相应费用，并自动检测产品研发情况				

（续表）

	手工操作流程	系统操作	手工记录			
17	紧急采购	可以随时进行项目				
18	出售库存					
19	厂房贴现					
20	应收款贴现					
21	间谍					
22	季末收入合计					
23	季末支出合计					
24	季末数额对账[(1)+(22)−(23)]					
年末	市场开拓	选择并确认				
	ISO资格投资	选择并确认				
	缴纳违约订单罚款	系统自动				
	支付设备维护费					
	计提折旧	系统自动(生产线净值)				
	结账					

注：▲为操作节点，确认后该步骤之前的步骤都不允许操作。

综合费用表

项　目	金额
管理费	
广告费	
设备维护费	
转产费	
租金	
市场准入开拓费	
产品研发费	
ISO认证费	
信息费	
其他	
合计	

利润表

项　目	金额
销售收入	
直接成本	
毛利	
综合费用	
折旧前利润	
折旧	
支付利息前利润	
财务费用	
税前利润	
企业所得税	
净利润	

资产负债表

项目	金额	项目	金额
现金		长期负债	
应收账款		短期负债	
在制品		特别贷款	
产成品		应交税费	
原材料		—	
流动资产合计		负债合计	
土地和建筑		股东资本	
机器与设备		利润留存	
在建工程		年度净利	
固定资产合计		所有者权益合计	
资产总计		负债和所有者权益总计	

第______年 订单登记表

序号									合计
市场									
产品									
数量									
交货期									
账期									
销售额									
成本									
毛利									

第______年 产品销售核算表

项目	P1	P2	P3	P4	P5	合计
数量						
销售额						
成本						
毛利						

附录四　ERP 沙盘模拟企业经营国赛赛项规程*

一、全国职业院校技能大赛简介

全国职业院校技能大赛(以下简称“大赛”)是由中华人民共和国教育部发起的,联合相关部门、行业组织和地方共同举办的一项全国性职业院校学生技能竞赛活动。大赛作为我国职业教育工作的一项重大制度设计与创新,深化了职业教育教学改革,推动了产教融合、校企合作,促进了人才培养和产业发展的结合,扩大了职业教育的国际交流,增强了职业教育的影响力和吸引力。大赛已经成为广大师生展现风采、追梦圆梦的广阔舞台,成为促进我国职业教育改革发展的重要抓手,对职业院校办出特色、办出水平的引领作用日益凸显。全国职业院校技能大赛是中国职业教育学生切磋技能、展示成果的竞技场,也是总揽中国职业教育发展水平的一个窗口。

二、ERP 沙盘模拟企业经营国赛赛项简介

我国在 2005 年成功举办了首届 ERP 沙盘模拟企业经营大赛,在 2007 年引入电子沙盘,在 2009 年设置中职组比赛。该大赛主要是由用友公司主办,其他学校承办的,至今已经连续举办了 15 届全国职业院校“新道杯”沙盘模拟大赛。2015 年,教育部全国职业院校技能大赛新增了沙盘模拟企业经营赛项,由 37 个部门(单位)主办,天津市教育委员会和天津市红桥区人民政府承办,天津市红星职业中等专业学校、中国职业技术教育学会商科委员会和新道科技股份有限公司协办。这也成为各学校特别是职业院校开设 ERP 沙盘模拟企业经营课程的主要因素。从 2015 年开始,这项赛事已经连续举办了 5 届。

在大赛章程中,该项赛事的赛项名称为:沙盘模拟企业经营,目前只有中职组的比赛,赛项归属产业为财经商贸。竞赛的目的是:通过竞赛,激发和调动行业企业关注和参与中等职业学校教学改革的主动性和积极性,全面提升中等职业学校财经商贸类专业人才培养质量;为中职院校师生提供交流借鉴的平台,检验财经商贸类所含专业的教学改革成果,引领和促进财经商贸类专业教学改革;全面考察参赛选手资金预算分析、妥善控制成本、编制财务报表、市场趋势预测、市场开发决策、营销策略决策、产品研发决策、生产采购流程决策、库存管理、产销结合匹配市场需求等财经商贸类专业核心技能;全方位展示参赛选手在组织企业经营过程中各司其职、团队协作、创新思维、岗位通用技能等方面的职业素养。

三、竞赛规程

(一)竞赛内容

沙盘模拟企业经营赛项将每个参赛队作为一个经营团队,每个团队分设总经理、财务总

* 本规程于 2018 年发布。

监、运营总监、营销总监4个岗位。各团队接手一个制造型企业，在仿真的竞争市场环境中，通过分岗位角色扮演，连续从事4个会计年度的模拟企业经营活动。

竞赛内容是围绕着考察参赛选手资金预算分析、掌握资金来源及用途、妥善控制成本、编制财务报表、市场趋势预测、市场开发决策、营销策略策划、产品研发决策、生产采购流程决策、库存管理、产销结合匹配市场需求、新产品开发等财经商贸类各专业的核心技能来设置的。

竞赛中，参赛选手会运用到市场营销学、企业管理、营销策划、统计分析、基础会计、财务会计、Excel工具运用、广告学基础、市场调查与分析、消费心理学等十多门财经商贸类专业的核心课程综合知识。

竞赛中，参赛选手将遇到企业经营中常出现的各种典型问题以及市场中变幻莫测的各种情况，使其感悟复杂市场营销环境下如何发现机遇、分析问题、制定决策、执行决策及解决问题，进而提升参赛选手学会工作、学会思考等方面的职业素养。

(二) 竞赛时长

总竞赛时长为490分钟(每年稍有变化)。

各企业市场活动环节时长155分钟，包括第2至第4年各市场广告投放和订单获取时间；各企业运营环节时长290分钟，包括产品研发、厂房生产线建设、采购、生产、市场开发、融资策略制定等运营时间；各企业运营分析(巡盘)时长45分钟，包括财务核算及对其他企业经营状况分析。

四、竞赛方式

(一) 组队方式

本赛项为团体赛。以院校为单位组队参赛，不得跨校组队。同一学校相同项目报名参赛队不超过1支。每队4名选手，不超过2名指导教师。

(二) 竞赛方式

本赛项所有参赛队伍将均分为两个赛场，每一赛场将在同一环境下进行模拟操作。本赛项将以企业经营管理沙盘和新道新创业者沙盘系统相结合的方式进行。

五、竞赛赛题

(一) 赛事安排

本赛项采取公开赛卷的方式，赛前一个月在大赛指定网络信息发布平台(http://www.chinaskills-jsw.org/)上公布赛卷，并提前免费开放软件平台给参赛学生使用，同时由提供大赛软件平台的公司给予优质技术保障。

本赛项将在比赛前一个月公布不少于10套的竞赛赛卷，各套赛卷的重复率不得超过50%。比赛前三天内，在监督组的监督下，由裁判长指定相关人员随机抽取正式赛卷与备用赛卷。

(二) 规则

以下规则为固定参数，制题时不可改变：

特别提醒:比赛无竞单,无市场老大;第一年无初始经营数据,无订单。

1. 融资规则

1) 长期和短期贷款信用额度

长短期贷款的总额度(包括已借但未到还款期的贷款)为上年权益的3倍,长期贷款、短期贷款必须是大于等于10的整数申请。例如,第一年所有者权益为44 W,第一年已借5年期长期贷款57 W(且未申请短期贷款),则第二年可贷款总额度为:44×3－57＝75(W)。

2) 贷款规则

长期贷款每年必须支付利息,到期归还本金。长期贷款最多可贷3年;结束年时,不要求归还没有到期的各类贷款。短期贷款年限为1年,如果某一季度有短期贷款需要归还,且同时还拥有贷款额度时,必须先归还到期的短期贷款,才能申请新的短期贷款。

所有的贷款不允许提前还款;企业间不允许私自融资,只允许企业向银行贷款,银行不提供高利贷。贷款利息计算时四舍五入。例如,短期贷款21 W,则利息为1.05 W(21×5%),四舍五入后,实际支付利息为1 W。

长期贷款利息是根据长期贷款的贷款总额乘以利率计算的。例如,第一年申请54 W长期贷款,第二年申请24 W长期贷款,则第三年所需要支付的长期贷款利息7.8 W[(54＋24)×10%],四舍五入后,实际支付利息为8 W。

3) 应收账款贴息计算规则

假如账期为1季的应收款贴现16 W,账期为2季的应收款贴现24 W,则1季账期的应收款贴息＝16×10%＝1.6 ≈2(W),2季账期的应收款贴息＝24×10%＝2.4 ≈3(W),贴息总额＝2＋3＝5(W)。

2. 厂房管理规则

(1) 租用或购买厂房可以在任何季度进行。

(2) 如果决定租用厂房或者厂房买转租,租金在开始租用的季度交付,即从现金处取等量钱币,放在租金费用处。1年租期到期时,如果决定续租,需重复以上动作。

(3) 厂房租用满1年后可作租转买、退租等处理。例如,第一年第一季度租厂房,则以后每一年的第一季度末"厂房处理"均可"租转买"。如果到期没有选择"租转买",则系统自动按续租处理,租金在当季结束时和管理费一并扣除。

(4) 要新建或租赁生产线,必须有可用于安装生产线的空闲厂房。否则,不能新建或租赁生产线。

(5) 如果厂房中没有生产线,可以选择厂房退租。

(6) 厂房出售将得到4季账期的应收款,紧急情况下可进行厂房贴现(4季贴现),直接得到现金。如果厂房中有生产线,同时要扣租金。

(7) 厂房使用可以任意组合,但总数不能超过4个。例如,租4个小厂房或买四个大厂房或租1个大厂房、买1个中厂房两个小厂房。

3. 生产线管理规则

(1) 在"系统"中新建生产线,需先选择厂房,然后选择生产线的类型及所生产产品的类型;生产产品一经确定,本生产线所生产的产品便不能更换,如需更换,须在建成后,进行转产处理。

(2) 每次操作可建一条生产线,同一季度可重复操作多次,直至生产线位置全部铺满。

自动线和柔性线待最后一期投资到位后，必须到下一季度才算安装完成，允许投入使用。超级手工线当季购入当季即可使用。新建生产线一经确认，即刻进入第一期在建，当季便自动扣除现金。

（3）不论何时出售生产线，从生产线净值中取出相当于残值的部分计入现金，净值与残值之差计入损失；只有空的并且已经建成的生产线方可转产。

（4）当年建成的生产线、转产中生产线都要交维护费；凡已出售的生产线和新购正在安装的生产线不缴纳维护费。

（5）生产线不允许在不同厂房间移动。

（6）租赁线不需要购置费，没有安装周期，不用计提折旧。维护费可以理解为租金，其在退租时，系统将扣清理费用，记入损失。

（7）生产线建成当年不计提折旧。当净值等于残值时，生产线不再计提折旧，但可以继续使用。租赁线不计提折旧。

4. 产品研发规则

（1）如生产某种产品，先要获得该产品的生产许可证。获得生产许可证，则必须经过产品研发。P系列产品都需要研发后才能获得生产许可。研发需要分期投入研发费用。

（2）产品研发可以中断或终止，但不允许超前或集中投入。已投资的研发费不能回收。如果开发没有完成，系统不允许企业开工生产。

5. ISO认证规则

ISO认证只有在第四季度末才可以操作。ISO认证研发可以中断或终止，中途停止认证的，也可继续认证。认证完成后，无须交维护费。

6. 原材料采购规则

所有预订的原材料到期必须全额现金购买。紧急采购时，原材料价格是直接成本的2倍。在利润表中，直接成本仍然按照标准成本记录，紧急采购多付出的成本计入综合费用表中的损失。

7. 本地、区域、国内市场开拓规则

市场	每年开拓费	开拓年限	全部开拓费用
本地	1 W/年	1年	1 W
区域	1 W/年	1年	1 W
国内	1 W/年	1年	1 W

市场开拓在第四季度操作。市场一经开拓完成，便可进行产品销售。中途可暂停开拓，但已投入的资金依然有效。

8. 选单规则

（1）某企业某一产品在某一市场，若拟获得一次选单机会，至少投放1 W广告费；若拟获得两次选单机会，至少投放3 W广告费，即多一次选单机会，至少增加2 W广告费。例如，A企业P1产品在本地市场投入3 W广告费，则表示最多有两次选单机会，能否有第二次选单机会取决于A企业在本地市场轮到第二次选单时，本地市场有无订单。

(2) 投放广告,只有裁判宣布的最晚时间,没有最早时间。即参赛小组在当年经营结束后便可马上投放下一年的广告。

(3) 以当年本市场本产品广告额投放大小顺序依次选单。如果两队本市场本产品广告额相同,则看本市场广告投放总额;如果本市场广告总额也相同,则看上年本市场销售排名;如仍无法决定,则先投广告者先选单。

(4) 出现确认框后,各队要在倒计时大于5秒时按下确认按钮,否则可能造成选单无效。某企业某一产品在某一市场有多次选单机会,只要放弃一次选单,则视同放弃该市场所有选单机会。

9. 订单交货规则

订单必须在规定季(即订单中的交货期)或提前交货,应收款账期从交货季开始算起。应收款由收回系统自动完成,不需要各队填写收回金额。

所有订单要求在本年度内完成(按订单上的产品数量和交货期交货)。如果订单没有完成,则视为违约订单,按下列条款加以处罚:

(1) 分别按违约订单销售额的20%(四舍五入,每张订单违约金分别计算)计算违约金,并在当年第四季度结束后扣除,违约金计入损失。例如,某队违约了以下2张订单:

则缴纳的违约金分别为:22×20%=4.4(W)≈4(W),17×20%=3.4(W)≈3(W),合计为4+3=7(W)。

(2) 违约订单一律收回,不用再交。

10. 不变参数

贷款总额度	上年权益的3倍	最大长贷年限	3年
库存折价率(原材料)	80%	库存折价率(产品)	100%
紧急采购原材料价格	材料原价的2倍	紧急采购产品价格	产品直接成本的3倍
企业所得税税率	25%	违约扣款百分比	20%
最小得单广告额	1 W	信息费	1 W
订货会选单时间	40秒	订单首选补时	15秒
订单会市场同开数量	2个	厂房数量	4个

11. 取整参数(均精确或保留个位整数)

违约金(分别计算)扣除——四舍五入。

库存拍卖所得现金——向下取整。

贴现费用——向上取整。

扣税——四舍五入。

长短贷利息——四舍五入。

注:本赛项规程中所有的规定,在出题时不可改变;样题中的所有规定(市场参数)为可变参数,出题时可以改变(变化)。如本赛项规程与样题中规定发生冲突,以赛项规程中的规定为准,赛项规程与样题没有规定的参数,皆是可变参数,如详细订单等。

六、竞赛规则

(1) 报名要求:参赛选手和指导教师报名获得确认后不得随意更换。如比赛前参赛选手和指导教师因故无法参赛,须由省级教育行政部门于参与赛项开赛10个工作日之前出具书面说明,经大赛执委会办公室核实后予以更换;团体赛选手因特殊原因不能参加比赛时,由大赛执委会办公室根据赛项的特点决定是否可进行缺员比赛,并报大赛执委会备案。

(2) 熟悉场地:比赛日前一天下午14:30～16:00开放赛场,供参赛队伍熟悉场地。

(3) 抽签仪式:比赛日前一天15:30～17:00举行抽签仪式,由各参赛队伍的领队或指导教师参加,通过抽签确定各参赛队伍的比赛赛区及抽签的顺序号,比赛当天抽签决定赛场座次。

(4) 领队会议:比赛日前一天下午14:30～15:30召开领队会议,由各参赛队伍的领队和指导教师参加,会议讲解竞赛注意事项并进行赛前答疑。

(5) 参赛队员入场:参赛选手应提前30分钟到达赛场,凭参赛证、身份证检录,按要求入场,不得迟到早退,并根据抽签结果在对应的座位入座;裁判负责核对参赛队员信息。

(6) 各参赛队伍打开电脑,进入竞赛平台,并修改各自密码。

(7) 由裁判长宣布比赛开始,各参赛队伍开始竞赛。

(8) 比赛当日参赛选手午餐在赛场内进行。

(9) 赛项执委会为各参赛队提供2台电脑,电脑上已安装录屏软件、常用输入法(搜狗、五笔、智能ABC)和Office 2007,同时提供有纸质的经营记录表、综合费用表、利润表、资产负债表、沙盘赛具、笔(水笔、铅笔)、稿纸和计算器(2台)等与竞赛相关的物品。

(10) 竞赛过程中,如有疑问,参赛选手应持"咨询"示意牌示意,项目裁判长应按照有关要求及时予以答复。如遇设备或软件等故障,参赛选手应持"故障"示意牌示意。项目裁判长、技术人员等应及时予以解决。确因计算机软件或硬件故障,致使操作无法继续的,经项目裁判长确认,予以启用备用计算机。如遇身体不适,参赛选手应持"医务"示意牌示意,现场医务人员按应急预案救治。

(11) 比赛开始后,在运营过程中,赛场裁判负责控制选单进程,并宣布阶段性成绩。

(12) 按照竞赛规程,在经营4个会计年度后,裁判公布竞赛成绩并将成绩登录在竞赛成绩单上。

(13) 各参赛队伍派一名参赛代表在竞赛成绩单上签字,监督员监督所有参赛队伍签字后,裁判签字。

(14) 赛场裁判将数据进行备份和保存,成绩单提交给大赛执委会备案。

(15) 参赛代表队若对赛事成绩有异议,可由领队按规程提出书面申诉。

七、技术规范

(1) 参照教育部财经商贸类专业的"专业标准""课程标准"为基本范围和基本要求。

(2) 竞赛以现行的财经法律、法规和财政部、国家税务总局、人民银行、国家质监局等出台的会计、税务、金融法规、制度和规范性文件为依据。(详见下表所列,未列尽规范标准,以国家发布的相关标准为准)

参赛团队应遵循的规范标准汇总表

序号	名称	序号	名称
1	《中华人民共和国会计法》	6	《企业内部控制应用指引》
2	《中华人民共和国公司法》	7	《中华人民共和国企业所得税法》
3	《企业会计基本准则》	8	《会计基础工作规范》
4	《中华人民共和国产品质量法》	9	《支付结算管理办法》
5	《企业内部控制基本规范》		

八、技术平台

比赛平台为“企业经营管理沙盘”和“新道新创业者沙盘系统”相结合，与往年本赛项使用的竞赛平台相同。

(一) 赛项使用比赛器材：企业经营管理沙盘赛具

物品名称	单位	材质
沙盘盘面	张	彩喷＋pvc
空桶	个	Ps
厂房标识	个	彩喷＋pvc
生产线	张	铜版纸
产品标识	张	铜版纸
生产资格证	张	铜版纸
市场准入证	张	铜版纸
ISO 证书	张	铜版纸
灰色(代表 1 W)	枚	Ps
红色 R1	枚	Ps
橙色 R2	枚	Ps
蓝色 R3	枚	Ps
绿色 R4	枚	Ps
包装箱	个	Abs
包装盒	盒	纸

(二) 赛项所需的技术平台

设备及软件名称	备注
电子沙盘	新创业者沙盘系统
支持的数据库及版本	Maria 10.0.14 win32 版(产品安装系统自带)
沙盘赛具	每支参赛队 1 套

（续表）

设备及软件名称	备注
服务器	每个赛区两台 配置要求如下： 内存：8G DDR3 硬盘：180G CPU：四核 操作系统：win7 64位/Windows server 2008r2 64位
计算机	每支参赛队两台（每个赛区备用10%计算机）
支持的操作系统及版本	Windowsxp SP3 32位 Windows server 2003 32位/64位 Windows server 2003 R2 32位/64位 Windows server 2008 32位/64位 Windows server 2008 R2 32位/64位 Windows server 2012 64位 Win7/XP/Win2003
电源插排	每支参赛队1个
UPS不间断电源	每个赛区1个，确保服务器及交换机不断电
交换机	每个赛区3台 配置要求如下： 速度：1000Mbps 接口数：24
网线	每支参赛队2条

九、成绩评定

（一）评分方法

1. 评分标准制定原则

（1）本赛项评分标准的制定遵循“公平、公正、公开”的原则。

（2）应用信息化系统进行机考评分，无人为因素干扰。

2. 评分细则

竞赛评分采用系统按规则自动生成和评委打分相结合的方式进行。其中，模拟企业经营的成绩由系统自动生成，具体为小组最后一年末的所有者权益；评委打分是针对选手在操作过程中的违规行为按规则所给的罚分。各队实际得分的计算方法为：

实际得分＝最后一年末的所有者权益－罚分

若实际得分计算结果相同，则参照最后一年经营结束时间，先结束最后一年经营的参赛队伍排名在前。

1）运行超时罚分

运行超时有两种情况：一是指不能在规定时间完成广告投放（可提前投广告）；二是指不

能在规定时间完成当年经营(以点击系统中"当年结束"按钮并确认为准)。

处罚:按 1 权益/分钟(不满 1 分钟按 1 分钟计算)计算罚分,最多不能超过 10 分钟。如果到 10 分钟后还不能完成相应的运行,将取消其参赛资格。

注意:投放广告时间、完成经营时间及提交报表时间系统均会被记录,并作为罚分依据。

2) 报表错误罚分

必须按规定时间在系统中填制报表,如果上交的报表与系统自动生成的报表对照有误,在总得分中扣罚 4 权益/次(每年 1 次),并以系统提供的报表为准修订。

注意:对上交报表时间作规定,延误交报表即视为错误一次,即使后来在系统中填制正确也要罚分。对由运营超时引发延误上交报表的,视同报表错误并罚分[即如果某队超时 3 分钟,将被扣除 1×3+4=7(权益)]。

3) 摆盘错误罚分

本次比赛需要摆放物理盘面。看盘期间(每年经营结束后,由裁判宣布看盘时间),需要如实回答看盘者提问,也不能拒绝看盘者看电脑屏幕并查看其中除销售订单外的任何信息(看盘者不能操作电脑,只能要求查看信息)。看盘时,各队至少留一人。摆盘情况由裁判每年结束时,随机抽取 2~4 队进行核对,发现错误后予以罚分。如果经裁判核实后发现摆盘错误,扣 2 权益/次。

4) 其他违规罚分

在运行过程中下列情况属违规:

(1) 对裁判正确的判罚不服从。

(2) 其他严重影响比赛正常进行的活动。

如有以上行为者,在第四年经营结束后扣除该队总得分的 20 权益。

5) 所有罚分在第四年经营结束后计算总成绩时一起扣除

3. 最终成绩

赛项最终成绩按 100 分制计分。假设 A 区成绩从高到低为 A1、A2、A3…那么赋予成绩为 99,98,97,…B 区同理;如果 A1/average(An)>B1/average(Bn),则 A1 成绩=99+0.5,B1 成绩=99。同理,推算出各组的最终成绩。

4. 成绩复核

为保障成绩评判的准确性,监督组将对赛项成绩排名前 30%的所有参赛队伍(选手)的成绩进行复核;对其余成绩进行抽检复核,抽检覆盖率不得低于 15%。如发现成绩错误以书面方式及时告知裁判长,由裁判长更正成绩并签字确认。复核、抽检错误率超过 5%的,裁判组将对所有成绩进行复核。

5. 成绩公布

记分员将复核后的最终成绩经裁判长、监督组签字后进行公示。公示时间为 2 小时。成绩公示无异议后,由仲裁长和监督组长在成绩单上签字,并在闭赛式上公布竞赛成绩。

十、奖项设定

(1) 设团体一、二、三等奖,以赛项实际参赛队总数为基数,一、二、三等奖获奖比例分别为 10%、20%、30%(小数点后四舍五入)。

(2) 获得一等奖的参赛队指导教师由大赛执委会颁发优秀指导教师证书。

附录五　试　　题*

一、八组的试题

1. 基础规则

一、生产线

名称	投资总额	每季投资额	安装周期	生产周期	总转产费用	转产周期	维修费	残值	折旧费	折旧时间
超级手工线	4 W	3 W	0 季	2 季	0 W	0 季	1 W	2 W	1 W	3 季
自动线	12 W	6 W	2 季	1 季	2 W	1 季	2 W	6 W	3 W	3 季
租赁线	0 W	0 W	0 季	1 季	2 W	1 季	7 W	−5 W	0 W	0 季
柔性线	14 W	7 W	2 季	1 季	0 W	0 季	1 W	8 W	4 W	3 季

二、融资

贷款类型	贷款时间	贷款额度	年息	还款方式
长期贷款	每年年初	所有长短贷之和不超过上年权益 3 倍	10.0%	年初付息，到期还本
短期贷款	每季度初		5.0%	到期一次还本付息
资金贴现	任何时间	视应收款额	1、2 季 10.0%	变现时贴息
			3、4 季 12.5%	

三、厂房

名称	购买价格	租金	出售价格	容量
大厂房	45 W	4 W	45 W	5 条生产线
中厂房	35 W	3 W	35 W	4 条生产线
小厂房	25 W	2 W	25 W	3 条生产线
库存拍卖	100.0%(产品);80.0%(原材料)			

四、产品研发

名称	开发费	开发时间	加工费	直接成本	产品组成
P1	2 W/季	1 季	1 W	2 W	R1×1
P2	2 W/季	2 季	1 W	3 W	R2×1;R3×1
P3	3 W/季	2 季	1 W	4 W	R1×1;R3×1;R4×1
P4	3 W/季	2 季	1 W	5 W	R2×1;R3×1;R4×2

五、市场开拓

本地	1 W/年	1 年
区域	1 W/年	1 年
国内	1 W/年	1 年
亚洲	1 W/年	2 年
国际	1 W/年	3 年

* 详单、创业者规则文件和订单文件可以向立信会计出版社索取。

（续表）

六、ISO 资格认证			八、重要参数			
名称	开发费	开发时间	违约金比例	0.2	最大厂房数量	4 个
ISO9000	1 W/年	2 年	产品折价率	1	原料折价率	0.8
ISO14000	2 W/年	2 年	竞单时间	90 秒	竞单同竞数	3
七、原料设置			初始现金	77 W	管理费	1 W
名称	购买单价	提前期	信息费	1 W	所得税税率	0.25
R1	1 W	1 季	最大长贷年限	3 年	最小得单广告额	1 W
R2	1 W	1 季	原料紧急采购倍数	2 倍	产品紧急采购倍数	3 倍
R3	1 W	2 季	选单时间	45 秒	首位选单补时	15 秒
R4	1 W	2 季	市场同开数量	2	市场老大	无

2. 市场预测表

均价						
年份	产品	本地市场	区域市场	国内市场	亚洲市场	国际市场
第二年	P1	5.41 W	5.26 W	5.38 W		
	P2	7.19 W	7.00 W	7.08 W		
	P3	8.80 W	8.50 W	8.50 W		
	P4	10.17 W	10.11 W	10.17 W		
第三年	P1	5.00 W		5.08 W	5.20 W	
	P2	7.07 W	7.03 W		7.00 W	
	P3		8.43 W	8.21 W	8.43 W	
	P4	10.71 W	10.45 W		10.45 W	
第四年	P1	5.00 W		4.87 W	5.40 W	5.00 W
	P2	7.00 W	7.07 W		7.40 W	7.00 W
	P3		8.10 W	8.33 W		8.26 W
	P4	10.22 W			10.40 W	10.44 W
需求量						
年份	产品	本地市场	区域市场	国内市场	亚洲市场	国际市场
第二年	P1	22 个	19 个	16 个	0 个	0 个
	P2	16 个	22 个	13 个	0 个	0 个
	P3	10 个	14 个	10 个	0 个	0 个
	P4	12 个	9 个	6 个	0 个	0 个

（续表）

年份	产品	本地市场	区域市场	国内市场	亚洲市场	国际市场
第三年	P1	28 个	0 个	24 个	10 个	0 个
	P2	15 个	31 个	0 个	13 个	0 个
	P3	0 个	21 个	24 个	21 个	0 个
	P4	14 个	11 个	0 个	11 个	0 个
第四年	P1	18 个	0 个	15 个	5 个	18 个
	P2	18 个	15 个	0 个	5 个	30 个
	P3	0 个	20 个	27 个	0 个	23 个
	P4	27 个	0 个	0 个	20 个	16 个
订单数						
年份	产品	本地市场	区域市场	国内市场	亚洲市场	国际市场
第二年	P1	7 张	6 张	5 张	0 张	0 张
	P2	6 张	8 张	4 张	0 张	0 张
	P3	4 张	5 张	4 张	0 张	0 张
	P4	4 张	5 张	3 张	0 张	0 张
第三年	P1	8 张	0 张	9 张	4 张	0 张
	P2	5 张	10 张	0 张	4 张	0 张
	P3	0 张	6 张	8 张	6 张	0 张
	P4	4 张	4 张	0 张	4 张	0 张
第四年	P1	6 张	0 张	4 张	2 张	6 张
	P2	6 张	5 张	0 张	2 张	8 张
	P3	0 张	7 张	9 张	0 张	7 张
	P4	8 张	0 张	0 张	7 张	5 张

二、十组的试题

1. 基础规则

一、生产线										
名称	投资总额	每季投资额	安装周期	生产周期	总转产费用	转产周期	维修费	残值	折旧费	折旧时间
超级手工线	3 W	3 W	0 季	2 季	0 W	0 季	1 W	2 W	1 W	3 季
自动线	8 W	4 W	2 季	1 季	2 W	1 季	1 W	6 W	3 W	3 季
租赁线	0 W	0 W	0 季	1 季	2 W	1 季	6 W	−6 W	0 W	0 季
柔性线	12 W	6 W	2 季	1 季	0 W	0 季	1 W	8 W	3 W	3 季

（续表）

二、融资

贷款类型	贷款时间	贷款额度	年息	还款方式
长期贷款	每年年初	所有长短贷之和不超过上年权益3倍	10.0%	年初付息，到期还本
短期贷款	每季度初		5.0%	到期一次还本付息
资金贴现	任何时间	视应收款额	1、2季 10.0% 3、4季 12.5%	变现时贴息

三、厂房

名称	购买价格	租金	出售价格	容量
大厂房	35 W	4 W	25 W	5 条生产线
中厂房	25 W	3 W	15 W	4 条生产线
小厂房	15 W	2 W		2 条生产线
库存拍卖	100.0%（产品）		80.0%（原材料）	

四、产品研发

名称	开发费	开发时间	加工费	直接成本	产品组成
P1	1 W/季	1 季	1 W	2 W	R1×1
P2	1 W/季	2 季	1 W	3 W	R2×1；R3×1
P3	3 W/季	2 季	1 W	4 W	R1×1；R3×1；R4×1
P4	4 W/季	2 季	1 W	5 W	R2×1；R3×1；R4×2

五、市场开拓

本地	1 W/年	1 年
区域	1 W/年	1 年
国内	1 W/年	1 年
亚洲	1 W/年	2 年
国际	1 W/年	3 年

六、ISO 资格认证

名称	开发费	开发时间
ISO9000	1 W/年	2 年
ISO14000	1 W/年	2 年

七、原料设置

名称	购买单价	提前期
R1	1 W	1 季
R2	1 W	1 季
R3	1 W	2 季
R4	1 W	2 季

八、重要参数

违约金比例	0.2	最大厂房数量	4 个
产品折价率	1	原料折价率	0.8
竞单时间	90 秒	竞单同竞数	3 个
初始现金	75 W	管理费	1 W
信息费	1 W	所得税率	0.25
最大长贷年限	3 年	最小得单广告额	1 W
原料紧急采购倍数	2 倍	产品紧急采购倍数	3 倍
选单时间	45 秒	首位选单补时	15 秒
市场同开数量	2 个	市场老大	无

2. 市场预测表

均价						
年份	产品	本地市场	区域市场	国内市场	亚洲市场	国际市场
第二年	P1	4.63 W	4.73 W			
	P2	6.55 W	6.70 W			
	P3	8.00 W	8.11 W			
	P4	10.00 W	10.20 W			

（续表）

年份	产品	本地市场	区域市场	国内市场	亚洲市场	国际市场
第三年	P1	4.53 W	4.40 W	5.07 W		
	P2	6.40 W		7.09 W	6.60 W	
	P3		8.14 W	8.38 W	8.00 W	
	P4	10.18 W	10.14 W	10.48 W	9.71 W	
第四年	P1	5.40 W	5.39 W	5.20 W		5.35 W
	P2	7.50 W	7.36 W	7.35 W	7.46 W	7.48 W
	P3	9.04 W	8.72 W	8.90 W	8.74 W	9.00 W
	P4	11.10 W	10.55 W	11.00 W	10.62 W	
需求量						
年份	产品	本地市场	区域市场	国内市场	亚洲市场	国际市场
第二年	P1	30 个	30 个	0 个	0 个	0 个
	P2	22 个	20 个	0 个	0 个	0 个
	P3	19 个	19 个	0 个	0 个	0 个
	P4	15 个	15 个	0 个	0 个	0 个
第三年	P1	30 个	30 个	30 个	0 个	0 个
	P2	20 个	0 个	23 个	20 个	0 个
	P3	0 个	21 个	21 个	20 个	0 个
	P4	17 个	22 个	23 个	17 个	0 个
第四年	P1	30 个	31 个	30 个	0 个	34 个
	P2	22 个	25 个	23 个	24 个	27 个
	P3	24 个	25 个	21 个	23 个	25 个
	P4	20 个	20 个	21 个	21 个	0 个
订单数						
年份	产品	本地市场	区域市场	国内市场	亚洲市场	国际市场
第二年	P1	11 张	11 张	0 张	0 张	0 张
	P2	9 张	8 张	0 张	0 张	0 张
	P3	7 张	7 张	0 张	0 张	0 张
	P4	6 张	6 张	0 张	0 张	0 张
第三年	P1	11 张	12 张	12 张	0 张	0 张
	P2	9 张	0 张	10 张	9 张	0 张
	P3	0 张	9 张	9 张	9 张	0 张
	P4	9 张	10 张	10 张	9 张	0 张

（续表）

年份	产品	本地市场	区域市场	国内市场	亚洲市场	国际市场
第四年	P1	11 张	13 张	12 张	0 张	13 张
	P2	9 张	10 张	10 张	10 张	11 张
	P3	9 张	10 张	9 张	10 张	10 张
	P4	8 张	8 张	9 张	10 张	0 张

三、十二组的试题

1. 基础规则

一、生产线

名称	投资总额	每季投资额	安装周期	生产周期	总转产费用	转产周期	维修费	残值	折旧费	折旧时间
超级手工线	4 W	3 W	0 季	2 季	0 W	0 季	1 W	2 W	1 W	3 季
自动线	12 W	6 W	2 季	1 季	2 W	1 季	1 W	6 W	3 W	3 季
租赁线	0 W	0 W	0 季	1 季	2 W	1 季	7 W	−6 W	0 W	0 季
柔性线	16 W	8 W	2 季	1 季	0 W	0 季	2 W	8 W	3 W	3 季

二、融资

贷款类型	贷款时间	贷款额度	年息	还款方式
长期贷款	每年年初	所有长短贷之和不超过上年权益 3 倍	10.0%	年初付息，到期还本
短期贷款	每季度初		5.0%	到期一次还本付息
资金贴现	任何时间	视应收款额	1、2 季 10.0%	变现时贴息
			3、4 季 12.5%	

三、厂房

名称	购买价格	租金	出售价格	容量
大厂房	40 W	4 W	40 W	4 条生产线
中厂房	30 W	3 W	30 W	3 条生产线
小厂房	19 W	2 W	19 W	2 条生产线
库存拍卖	100.0%（产品）；80.0%（原材料）			

四、产品研发

名称	开发费	开发时间	加工费	直接成本	产品组成
P1	1 W/季	1 季	1 W	2 W	R1×1
P2	1 W/季	2 季	1 W	3 W	R2×1；R3×1
P3	2 W/季	3 季	1 W	4 W	R1×1；R3×1；R4×1
P4	3 W/季	3 季	1 W	5 W	R2×1；R3×1；R4×2

五、市场开拓

本地	1 W/年	1 年
区域	1 W/年	1 年
国内	1 W/年	1 年
亚洲	1 W/年	2 年
国际	1 W/年	3 年

（续表）

六、ISO资格认证			八、重要参数			
名称	开发费	开发时间	违约金比例	0.2	最大厂房数量	4个
ISO9000	1 W/年	2年	产品折价率	1	原料折价率	0.8
ISO14000	1 W/年	2年	竞单时间	90秒	竞单同竞数	3个
七、原料设置			初始现金	80 W	管理费	1 W
名称	购买单价	提前期	信息费	1 W	所得税率	0.25
R1	1 W	1季	最大长贷年限	3年	最小得单广告额	1 W
R2	1 W	1季	原料紧急采购倍数	2倍	产品紧急采购倍数	3倍
R3	1 W	2季	选单时间	45秒	首位选单补时	15秒
R4	1 W	2季	市场同开数量	2个	市场老大	无

2. 市场预测表

均价						
年份	产品	本地市场	区域市场	国内市场	亚洲市场	国际市场
第二年	P1	4.96 W	4.96 W	4.76 W		
	P2	7.00 W	7.05 W	7.23 W		
	P3	8.14 W	7.52 W	7.04 W		
	P4	10.89 W	10.83 W	10.32 W		
第三年	P1	5.70 W	5.00 W	4.98 W	6.04 W	
	P2	7.18 W	7.31 W	6.88 W	6.73 W	
	P3	8.85 W	8.42 W	8.02 W	7.48 W	
	P4	11.63 W		10.90 W		
第四年	P1	5.09 W		5.97 W		5.60 W
	P2	7.08 W	7.44 W		6.87 W	7.48 W
	P3		8.43 W	8.80 W		8.96 W
	P4	10.45 W	10.71 W		11.14 W	
需求量						
年份	产品	本地市场	区域市场	国内市场	亚洲市场	国际市场
第二年	P1	25个	27个	21个	0个	0个
	P2	24个	19个	26个	0个	0个
	P3	14个	25个	23个	0个	0个
	P4	9个	12个	19个	0个	0个

（续表）

年份	产品	本地市场	区域市场	国内市场	亚洲市场	国际市场
第三年	P1	30 个	25 个	57 个	27 个	0 个
	P2	28 个	29 个	51 个	30 个	0 个
	P3	27 个	24 个	43 个	25 个	0 个
	P4	16 个	0 个	40 个	0 个	0 个
第四年	P1	33 个	0 个	32 个	0 个	72 个
	P2	26 个	25 个	0 个	23 个	27 个
	P3	0 个	28 个	10 个	0 个	47 个
	P4	20 个	21 个	0 个	22 个	0 个
订单数						
年份	产品	本地市场	区域市场	国内市场	亚洲市场	国际市场
第二年	P1	11 张	9 张	10 张	0 张	0 张
	P2	7 张	8 张	9 张	0 张	0 张
	P3	5 张	8 张	8 张	0 张	0 张
	P4	5 张	5 张	5 张	0 张	0 张
第三年	P1	8 张	9 张	21 张	8 张	0 张
	P2	9 张	8 张	18 张	9 张	0 张
	P3	7 张	6 张	16 张	8 张	0 张
	P4	6 张	0 张	16 张	0 张	0 张
第四年	P1	11 张	0 张	11 张	0 张	22 张
	P2	10 张	9 张	0 张	9 张	11 张
	P3	0 张	7 张	6 张	0 张	17 张
	P4	8 张	7 张	0 张	8 张	0 张

四、十六组的试题

1. 基础规则

一、生产线									
名称	投资总额	每季投资额	安装周期	生产周期	总转产费用	转产周期	维修费	残值	折旧费	折旧时间
超级手工线	3 W	3 W	0 季	2 季	0 W	0 季	1 W	2 W	1 W	3 季
自动线	12 W	6 W	2 季	1 季	2 W	1 季	1 W	6 W	3 W	3 季
租赁线	0 W	0 W	0 季	1 季	2 W	1 季	6 W	−5 W	0 W	0 季
柔性线	16 W	7 W	2 季	1 季	0 W	0 季	1 W	8 W	4 W	3 季

（续表）

<table>
<tr><th colspan="6">二、融资</th><th colspan="5">三、厂房</th></tr>
<tr><td>贷款类型</td><td>贷款时间</td><td>贷款额度</td><td colspan="2">年息</td><td>还款方式</td><td>名称</td><td>购买价格</td><td>租金</td><td>出售价格</td><td>容量</td></tr>
<tr><td>长期贷款</td><td>每年年初</td><td rowspan="2">所有长短贷之和不超过上年权益3倍</td><td colspan="2">10.0%</td><td>年初付息，到期还本</td><td>大厂房</td><td>44 W</td><td>4 W</td><td>45 W</td><td>4条生产线</td></tr>
<tr><td>短期贷款</td><td>每季度初</td><td colspan="2">5.0%</td><td>到期一次还本付息</td><td>中厂房</td><td>33 W</td><td>3 W</td><td>35 W</td><td>3条生产线</td></tr>
<tr><td rowspan="2">资金贴现</td><td rowspan="2">任何时间</td><td rowspan="2">视应收款额</td><td colspan="2">1、2季10.0%</td><td rowspan="2">变现时贴息</td><td>小厂房</td><td>22 W</td><td>2 W</td><td>25 W</td><td>2条生产线</td></tr>
<tr><td colspan="2">3、4季12.5%</td><td>库存拍卖</td><td colspan="4">100.0%（产品）；80.0%（原材料）</td></tr>
</table>

<table>
<tr><th colspan="6">四、产品研发</th><th colspan="3">五、市场开拓</th></tr>
<tr><td>名称</td><td>开发费</td><td>开发时间</td><td>加工费</td><td>直接成本</td><td>产品组成</td><td>本地</td><td>1 W/年</td><td>1年</td></tr>
<tr><td>P1</td><td>1 W/季</td><td>2季</td><td>1 W</td><td>2 W</td><td>R1×1</td><td>区域</td><td>1 W/年</td><td>1年</td></tr>
<tr><td>P2</td><td>1 W/季</td><td>2季</td><td>1 W</td><td>3 W</td><td>R2×1；R3×1</td><td>国内</td><td>1 W/年</td><td>1年</td></tr>
<tr><td>P3</td><td>3 W/季</td><td>2季</td><td>1 W</td><td>4 W</td><td>R1×1；R3×1；R4×1</td><td>亚洲</td><td>1 W/年</td><td>2年</td></tr>
<tr><td>P4</td><td>3 W/季</td><td>2季</td><td>1 W</td><td>5 W</td><td>R2×1；R3×1；R4×2</td><td>国际</td><td>1 W/年</td><td>3年</td></tr>
</table>

<table>
<tr><th colspan="3">六、ISO资格认证</th><th colspan="4">八、重要参数</th></tr>
<tr><td>名称</td><td>开发费</td><td>开发时间</td><td>违约金比例</td><td>0.2</td><td>最大厂房数量</td><td>4个</td></tr>
<tr><td>ISO9000</td><td>2 W/年</td><td>1年</td><td>产品折价率</td><td>1</td><td>原料折价率</td><td>0.8个</td></tr>
<tr><td>ISO14000</td><td>2 W/年</td><td>1年</td><td>竞单时间</td><td>90秒</td><td>竞单同竞数</td><td>3个</td></tr>
<tr><th colspan="3">七、原料设置</th><td>初始现金</td><td>80 W</td><td>管理费</td><td>1 W</td></tr>
<tr><td>名称</td><td>购买单价</td><td>提前期</td><td>信息费</td><td>1 W</td><td>所得税税率</td><td>0.25</td></tr>
<tr><td>R1</td><td>1 W</td><td>1季</td><td>最大长贷年限</td><td>3年</td><td>最小得单广告额</td><td>1 W</td></tr>
<tr><td>R2</td><td>1 W</td><td>1季</td><td>原料紧急采购倍数</td><td>2倍</td><td>产品紧急采购倍数</td><td>3倍</td></tr>
<tr><td>R3</td><td>1 W</td><td>2季</td><td>选单时间</td><td>45秒</td><td>首位选单补时</td><td>15秒</td></tr>
<tr><td>R4</td><td>1 W</td><td>2季</td><td>市场同开数量</td><td>2个</td><td>市场老大</td><td>无</td></tr>
</table>

2. 市场预测表

均价						
年份	产品	本地市场	区域市场	国内市场	亚洲市场	国际市场
第二年	P1	5.41 W	5.26 W	5.41 W		
	P2	7.19 W	7.00 W	7.19 W		
	P3	8.80 W	8.50 W	8.80 W		
	P4	10.17 W	10.11 W	10.17 W		

（续表）

年份	产品	本地市场	区域市场	国内市场	亚洲市场	国际市场
第三年	P1	5.00 W		5.08 W	5.52 W	
	P2	7.07 W	7.05 W		7.13 W	
	P3		8.43 W	8.21 W	8.42 W	
	P4	10.71 W	10.45 W		9.94 W	
第四年	P1	5.00 W		4.87 W	5.40 W	5.49 W
	P2	7.00 W	7.07 W		7.40 W	7.33 W
	P3		8.10 W	8.33 W		8.26 W
	P4	10.22 W			10.40 W	10.63 W

需求量

年份	产品	本地市场	区域市场	国内市场	亚洲市场	国际市场
第二年	P1	44 个	38 个	22 个	0 个	0 个
	P2	32 个	44 个	16 个	0 个	0 个
	P3	20 个	28 个	20 个	0 个	0 个
	P4	24 个	18 个	24 个	0 个	0 个
第三年	P1	56 个	0 个	48 个	29 个	0 个
	P2	30 个	65 个	0 个	15 个	0 个
	P3	0 个	42 个	48 个	24 个	0 个
	P4	28 个	22 个	0 个	16 个	0 个
第四年	P1	36 个	0 个	30 个	10 个	37 个
	P2	36 个	30 个	0 个	10 个	45 个
	P3	0 个	40 个	54 个	0 个	47 个
	P4	54 个	0 个	0 个	40 个	43 个

订单数

年份	产品	本地市场	区域市场	国内市场	亚洲市场	国际市场
第二年	P1	14 张	12 张	7 张	0 张	0 张
	P2	12 张	16 张	6 张	0 张	0 张
	P3	8 张	10 张	8 张	0 张	0 张
	P4	8 张	10 张	8 张	0 张	0 张
第三年	P1	16 张	0 张	18 张	11 张	0 张
	P2	10 张	21 张	0 张	6 张	0 张
	P3	0 张	12 张	16 张	7 张	0 张
	P4	8 张	8 张	0 张	6 张	0 张

(续表)

年份	产品	本地市场	区域市场	国内市场	亚洲市场	国际市场
第四年	P1	12 张	0 张	8 张	4 张	14 张
	P2	12 张	10 张	0 张	4 张	16 张
	P3	0 张	14 张	18 张	0 张	17 张
	P4	16 张	0 张	0 张	14 张	16 张

致　谢

本教材的编写得到了众多院校与企业的大力支持，特别是苏州学之友网络科技有限公司和成都益悟科技有限公司提供了强大的技术支持。本教材的完成是编写组全体成员集体智慧、通力合作的结果。特此感谢！

编写组

2020年1月